EXAMEN
SERIEUX & COMIQUE
DES DISCOURS
SUR L'ESPRIT.
Par l'Auteur des Lettres Américaines.

PREMIERE PARTIE.

A AMSTERDAM.
M. DCC. LIX.

TABLE
DU CONTENU

de la première Partie.

*E*Pitre.

Préface. page j

LETTRE I. *Observations générales sur le Livre intitulé : De l'Esprit.* 1

LETTRE II. *On tâche de justifier M. H*** du soupçon de tourner en ridicule la Religion chrétienne, lorsqu'il se moque des fausses Religions.* 49

LETTRE. III. *Des définitions de l'Esprit proposés par M. H***.* 85

LETTRE. IV. *De la cause que M. H*** donne à l'Esprit.* 118

LETTRE. V. *Sur les qualités qui caractérisent le génie & la force de l'Esprit.* 200

LETTRE VI. *On examine les maximes de Monsieur H*** sur l'Esprit juste, & le bon sens.* 250

EPITRE.

A

SON EMINENCE
MONSEIGNEUR
LE CARDINAL PASSIONEI.

MONSEIGNEUR,

C'EST moins à l'Eminence qu'au Juge éclairé que j'ai l'honneur de préſenter cet Ouvrage. J'uſe bien tard de la permiſſion que j'obtins de Votre Emi-

*

EPITRE.

nence, avec tant de difficultés, quand je partis de Rome : mais elle a agréé les motifs de ce délai. Je ne suivrai point l'usage des Auteurs ; c'est-à-dire, MONSEIGNEUR, que je ne vous ferai pas votre éloge en face, parce qu'il ennuyeroit Votre Eminence ; parce qu'elle me l'a défendu très-expressément, parce que, quelque merveille que je sois en droit de dire des qualités de votre ame, & de votre cœur, comme témoin oculaire, je n'apprendrois rien à notre France, ni au reste de l'Europe. En ménageant votre modestie, MONSEIGNEUR, je ne profite pas du rare exemple qu'elle me présente, & je céde à une tentation délicate de mon amour propre, à celle de me faire publiquement honneur de toutes-les bontés dont Votoe Eminence m'a comblé pendant mon

EPITRE.

séjour de plus de dix-huit mois à Rome. Je me rappelle sur tout avec un plaisir toujours nouveau ces retraites fréquentes où vous me faisiez l'honneur de m'admettre à votre Hermitage de Frescati, où dépouillé de l'appareil de votre dignité, au milieu d'un petit nombre d'amis choisis, vous représentiez si exactement le grand Augustin, lorsque refugié dans sa Communauté de Clercs, il y étoit moins Evêque, qu'aimable Prieur. La piété, la liberté, l'esprit, le cœur y goûtoient de vrais délices; & l'on ne sortoit point de votre conversation, sans avoir appris quelque chose de nouveau & d'intéressant dans le genre des connoissances, ou de l'érudition. Les matières les plus abstraites & les plus profondes y étoient traitées avec une gayté & une urbanité qui ne prenoit rien

EPITRE.

sur la clarté. Mais je viole insensiblement la dure loi que Votre Eminence m'a imposée. Il vaut mieux me restraindre à justifier aux yeux du Sçavant l'utilité de mon travail.

Votre Eminence a pris, MONSEIGNEUR, un intérêt très-marqué à un ouvrage où l'on a relevé les pernicieuses maximes du Livre de M. H***. Est-ce un préjugé favorable pour moi? Ne penseriez-vous pas au contraire qu'il est inutile de donner de nouveaux assauts à une doctrine universellement proscrite, & si solemnellement désavouée par son Auteur? Un Ecrivain, qui tout zèlé qu'il paroît pour le maintien de la Religion, & pourtant très-affectionné à ceux qui la combattent le plus ouvertement, va rendre un témoignage très-

EPITRE.

propre à écarter un préjugé que je crains de la part du Public. C'est l'Auteur du Tableau du siécle. Il désigne M. H*** sous le nom d'Euriclès. Et voici ce qu'il en dit. » Ce grand & vaste génie, n'a mé-
» rité le nom de Philosophe que depuis
» qu'il a déclaré se repentir d'avoir écrit
» contre la Religion. En effet, si son
» systême le rendoit généreux ; s'il s'é-
» toit mis, ou du moins, s'il avoit cru
» se mettre en repos, que n'y laissoit-il
» les autres ? Deux mille personnes sur
» la foi de ses lumiéres, ont arboré les
» uns le Déisme, les autres le Maté-
» rialisme, quelques-uns sont même de-
» venus Athées. Est-ce là l'Ouvrage
» d'un Philosophe ? S'il n'écrivoit que
» pour ceux qui lui ressemblent, je ne
» sçai s'il y auroit du mal ; mais tout
» le monde le lit, presque personne ne

Tableau du siécle, pag. 6. Ouvrage Satyr. très-récent.

EPITRE.

» le comprend, & cependant beaucoup
» de gens, persuadés qu'il a de bonnes
» raisons pour fronder la Religion, se
» croyent autorisés à n'en plus avoir.
» Le germe du mal étoit en eux, ses
» Ouvrages l'ont fait éclore. Un Philosophe tel que je le suppose, & que
» je l'entends ne sera pas martyr d'une
» Religion ; mais aussi il n'en sera jamais l'antagoniste. «

Ce nombre de mes compatriotes séduits, & certainement il n'est pas enflé, ne suffit-il pas, MONSEIGNEUR, pour autoriser mon zèle. Le peintre des mœurs du siécle me met sur les voyes de les secourir. Il nous insinuë qu'il faut les guérir de la foi aux lumiéres de M. H*** ; puisque c'est cette foi qui les a perdus. Pour y réussir je leur fais voir clairement que dans les Discours sur

EPITRE.

l'Esprit, rien n'annonce un grand & vaste génie; qu'il n'y a pas ombre de Philosophie, ni de raisonnemens, & que la chaleur du stile animé par le fanatisme de la Philosophie en fait le mérite unique. C'est encore le moyen de désabuser un nombre d'esprits forts, qui blâment hautement M. H***; non qu'ils croyent qu'il ait débité des maximes fausses & pernicieuses; mais parce qu'ils pensent qu'il est encore plus ridicule de se rendre le martyr de l'irréligion, que de souffrir pour la Religion.

Votre Eminence a sans doute été frappée dans le texte que je viens de citer de la profondeur que le peintre des mœurs du siécle suppose dans les discours sur l'Esprit; quand il affirme que presque personne ne les comprend. Il est constant que les ignorans, comme

EPITRE.

les génies sublimes ont très-bien compris qu'on leur enseigne que les intérêts de l'homme sont bornés à cette vie ; que les vertus & les vices sont des résultats des conventions humaines ; que la morale n'a aucun trait aux loix divines, & que personne n'est coupable, parce que personne n'est libre. A la vérité on n'a pas compris les preuves de cette étrange doctrine; parce qu'il n'y en a point. Le Peintre décéle ailleurs le motif qui l'affectionne à cette fausse supposition ; & l'on y voit clairement qu'il a prétendu se ménager un prétexte pour fronder ceux qui ont attaqué le Livre de M. H***, & l'autorité qui l'a proscrit ; en insinuant que la proscription & les réfutations d'un Livre obscur lui donnent de la célébrité, & engagent les esprits médio-

EPITRE.

cres à l'étudier & à l'approfondir.

C'est encore une objection que l'on me fait, que V. E. trouvera misérable, & qui a cours dans le Public.

» Mais il est très-dangereux, dit
» l'Auteur, de couvrir d'opprobre ceux
» qui traitent des matiéres qui ne sont
» pas encore bien éclaircies. » Il avoit dit
» plus haut: Qu'un Auteur sublime ca-
» che un sistême de Matérialisme avec as-
» sez d'obscurité; pour qu'il ne puisse être
» développé que par des esprits supérieurs,
» est-il à propos de s'élever contre lui,
» & la censure qu'on en fera pourra-t-elle
» le décréditer? » Vous prévenez ma réponse, MONSEIGNEUR. Un tel Livre fut-il obscur autant que ceux qui traitent de la science hermétique, autant que celui où Spinosa donne son sistême ; s'il attaque sensiblement les dogmes les plus

EPITRE.

intéreſſans au maintien de la Société, tels que la ſpiritualité, l'immortalité de l'ame, les principes de la juſtice & de l'équité, ne doit pas échapper à l'animadverſion des Magiſtrats. Et cette réponſe n'a point beſoin de preuves. Que l'Auteur du Tableau du ſiécle nous cite un ſeul ouvrage de nos Matérialiſtes modernes, où le Matérialiſme ne ſaute pas aux yeux du Lecteur le moins pénétrant. Ce que les gens médiocres n'y comprennent point, c'eſt la fauſſeté des ſophiſmes qu'on y érige en démonſtrations; & qu'ils jugent d'autant plus forts, qu'ils les trouvent au-delà de leur portée. Ils ſacrifient leur raiſon à la haute idée qu'ils ſe ſont faite du Dogmatiſte Matérialiſte; & perſuadés qu'il a de bonnes raiſons pour fronder la religion, ils ſe croient autoriſés à n'en

EPITRE.

point avoir. *Ce qu'il y a d'obscur dans ces sortes de Livres est donc de la plus dangereuse conséquence, & doit réveiller toute la vigilance du Magistrat. Et c'est rendre service à l'Etat que de développer ces obscurités moins ménagées avec adresse, qu'échappées à la maladresse d'un auteur qui ne sçait pas analyser son sujet. Les sophismes sont l'appas où se prennent les hommes médiocres & les sots. Est-ce un crime de découvrir l'hameçon ?*

Ce que j'avance ici, je le dis d'après notre Peintre. Il avoue qu'il est indigne d'un Philosophe d'apprendre aux hommes à secouer le joug salutaire de la Religion ; que c'est ouvrir la porte au libertinage ; & que cette conduite est même opposée à la probité. *Or le Matérialis-*

EPITRE.

me, le Fatalisme, les principes destructifs de toutes mœurs ; tout cela ne souſtrait-il pas infailliblement au joug ſalutaire de la Religion, & ne tend-il pas à bouleverſer la Société, à détruire l'Etat politique ? Et le Sénat n'aura pas droit de réprimer la licence de ceux qui publient une doctrine ſi pernicieuſe !

Elle n'eſt point déguiſée, MONSEIGNEUR, cette doctrine dans le Livre de M. H*** ; & elle y eſt pouſſée à un point où Hobbes & Machiavel n'ont jamais pû atteindre. Cet ouvrage a donc mérité la contradiction qu'il a ſoufferte de la part des Puiſſances, & d'un grand nombre d'Auteurs. Point du tout dans l'eſprit de notre Peintre du ſiécle. Celui-ci a penſé que tous les effets pernicieux qu'il a imputés aux diſcours de l'Eſprit

EPITRE.

n'auroient pas été produits par une simple lecture du Livre. » L'éclat auquel » il a donné lieu a plus accrédité son » opinion, que l'exposition embrouillée » de son systême. » Mais cet éclat, qui l'a causé ? N'est-ce pas la simple lecture du Livre qui a soulevé les esprits de tous les Ordres de l'Etat à un tel point, que M. H*** a demandé lui-même la suppression de son privilége. Combien les censures qui en ont été faites, lui ont-elles enlevé de partisans parmi les Lecteurs qui font le plus grand nombre ? Ce sont ceux qui prennent l'éblouissement que produit en eux un stile élevé & fleuri pour l'éclat de la vérité.

Ne craignez point, MONSEIGNEUR, que les sophismes du Peintre du siécle désarment notre Sénat. C'est son but. Mais la hardiesse indécente avec la-

EPITRE.

quelle il donne des avis à nos Magistrats souverains, n'aura point de succès. Ils ne seront pas flatés des produits d'un commerce qui nous vaudroit le titre d'empoisonneurs des autres nations. Ils ne confondront point dans la proscription ce qui est bon & utile avec ce qui est mauvais & pernicieux. Ils savent qu'il est de leur devoir d'ôter à ceux qui veulent s'empoisonner, toutes les ressources propres à seconder leur désespoir ; & ce qu'ils défendent à ceux qui débitent des drogues médicinales, ils l'interdisent aux Auteurs.

Dans l'espéce de plaisanterie que je me suis permise, MONSEIGNEUR, je n'ai point voulu représenter M. H***, en qui je ne connois qu'un ridicule d'emprun, celui d'Auteur. J'ai eu en vue ces prétendus Philosophes, qui donnent le

EPITRE.

ton dans certaines maisons, & font plus de mal à la Société dans le général & dans le particulier, qu'un Tartuffe érigé en directeur n'en cause dans une famille. Ces hommes vains sont flatés, quand leur doctrine n'excite que les gémissemens des gens de bien ; mais ils sont désolés, &, disent-ils, persécutés, quand elle est présentée de maniere à tourner les rieurs contre elle. Il faut donc user contre eux des mêmes armes qu'ils opposent au christianisme ; je parle de celles de la plaisanterie. Mais l'humanité exige en même-tems qu'on leur montre la lumiére. J'ai tâché de remplir cette double vue, de les plaisanter & de les éclairer.

Il falloit, MONSEIGNEUR, justifier l'utilité de mes travaux pour oser les offrir à V. E. Je me flaterois d'avoir

EPITRE.

réussi. Si j'emporte son suffrage ; je serai assuré de celui du Public.

Je suis avec un très-profond respect,

MONSEIGNEUR,

DE VOTRE EMINENCE,

Le très-humble & très-obéissant Serviteur, ***

PREFACE.

PRÉFACE.

ON a tant écrit contre le Livre de l'Esprit depuis trois mois ; quelques Auteurs on si bien réussi à exposer la perversité des principes, & le danger des conséquences qu'on tire de ce Livre ; les deux Puissances ont agi avec tant de vigueur, pour en arrêter les progrès contagieux ; leur vigilance a été si hautement applaudie par le Public, qu'il semble très-inutile & peut-être indécent de mettre au jour un nouvel ouvrage contre une doctrine solemnellement proscrite, décriée chez tous les honnêtes gens, & universellement abandonnée. De plus la patience du Public a ses bornes, le goût pour la nouvauté, & le dégoût pour les matiéres dont on s'eſt entretenu long-tems, ſont à peu près égaux dans le général & dans le particulier. Notre ſiécle aime la Philoſophie, pour s'en amuſer, & non pour l'approfondir. Or en genre d'amuſement la nouveauté eſt le ſeul aſſaiſſonnement qui pique le goût. Enfin l'Auteur du Livre de l'Eſprit eſt depuis ſi long-tems accablé des craintes les mieux fondées, qu'il ſemble avoir porté la peine de ſa faute, & l'avoir en quelque ſorte expiée. Le voilà enfin tranquille. N'y a-t'il pas de la cruauté à lui déclarer une nouvelle guerre? L'amour pour la vérité n'eſt pas barbare; il pourſuit l'erreur, mais il ménage les hommes; & l'on peut regarder comme des actes de poltronnerie & de baſſeſſe, les coups que porteroit un soldat à un ennemi mis à mort par la valeur d'un autre.

Autant de motifs pour condamner au secret du cabinet un Livre qui viendroit trop tard, & ne serviroit qu'à appesentir le Lecteur sur des matiéres dont il est déjà, comme excédé.

Je ne m'excuserai point sur ce que j'ai été gagné de vitesse. Je ne dirai point que j'ai commencé le premier à réfuter le Livre de l'Esprit, & que mon peu de facilité m'a mis dans le cas de ne produire que le dernier. Encore moins representerai-je qu'il est fâcheux d'avoir travaillé obstinément pendant six mois, pour laisser son ouvrage dans l'obscurité. Ce dernier malheur est très-petit à mon avis. Il m'est arrivé plus d'une fois, & je n'en ai pas été touché. Peu m'importe par qui le bien est fait. Je sçai un gré infini aux Auteurs qui font mieux que moi. Ils travaillent même pour moi, dès qu'ils combattent avec succès pour la vérité, l'unique bien possédé en commun par tous les hommes. Mais voici d'autres réflexions plus importantes sur lesquelles je me crois autorisé à produire mon Ouvrage.

Ne reste-t'il rien à remanier dans la grande affaire d'H *** qui puisse piquer la curiosité du Public ? Le plan que je me suis proposé a-t'il été rempli par quelques-uns de nos heureux Atletes ? Et ce plan n'ajoutera-t'il point l'instruction à la censure ? J'ose le présumer ainsi. Et je me fais une vraie satisfaction d'adoucir l'amertume de M. H *** en lui faisant voir que s'il est vaincu, il l'est par la vérité, sous les armes de laquelle il est toujours glorieux de succomber. Il a l'ame trop belle pour me sçavoir mauvais gré de mon attention pour lui. Je croirois même la lui devoir, quand j'aurois l'honneur d'être de ses amis intimes.

C'est un phénomène de notre siécle que le contraste de la Personne avec l'Auteur dans M. H ***. Peut être lui-même ne le sent-il pas. L'Homme a des vertus, & l'Auteur brise tous les liens de la société. L'Homme s'annonce pour Chrétien, & l'Auteur paroît sonner indécemment le tocsin contre le Christianisme. L'Homme dans le détail de ses affaires est de la plus exacte probité; l'Auteur n'en connoît point de véritable dans le commerce des particuliers. L'Homme est ami généreux, & il en a donné des preuves uniques ; l'Auteur détruit toutes les notions de l'amitié & de la reconnoiſſance. L'Homme eſt attaché à la Maiſon Royale autant par le cœur, que par devoir & par honneur ; l'Auteur canoniſe comme des traits héroïques de vertu, l'eſprit de révolte dans un Sujet, & fait l'éloge de ceux qui ſouſtraits au reſpect de la Divinité, ſe mettent dans le cas de ne pas craindre les Rois, & de ſe faire craindre d'eux. L'Homme eſt doux, tranquille, modéré, ſimple, éloigné de toute caballe ; & tout cela il l'eſt encore moins par vertu que par le fond d'un excellent caractére ; l'Auteur eſt faſtueux, & ne reſpire que la domination ſur les Rois, ſur les Miniſtres, ſur tous les Peuples du Monde. L'Homme hait les affaires auxquelles néanmoins il a prouvé qu'il est très propre ; l'Auteur semble entreprendre de changer toute Législation ; & de fonder de nouvelles loix dans tout l'Univers. L'homme a une Epouse aimable, digne de sa confiance, & généralement estimée ; l'Auteur ne trouve d'autre reméde pour guérir les femmes de la fausseté, que de leur enlever tout sentiment de pudeur. L'Homme est tendre pour ses enfans ; il est flatté de l'espérance de leur laisser une brillante fortune ; l'Auteur, sembleroit-il, est fâché que les femmes ne soient pas communes, afin que personne n'eût le titre de Pere ; il voudroit que la terre fut peuplée de fils naturels, & que l'égalité parfaite dans les conditions, & dans les possessions fut constamment établie par tout............

Quand on a bien faisi tous les points de ce contraste, peut-on imaginer de meilleur censure de l'Esprit, que la conduite de M. H***. Si l'on veut prendre une juste idée de l'estime qu'il s'est généralement acquise, je prie que l'on fasse attention qu'il est riche & humilié ; que cependant le Public le plaint & s'intéresse pour lui. Ce trait unique fait à mon avis l'éloge complet de ce citoyen.

Il faut donc rejetter sur quelque travers de l'Esprit une doctrine qu'on ne peut attribuer à la perversité du cœur. Il faut que l'Auteur soit intimement persuadé que dans ses méditations, ou dans les colloques fréquents qu'il a eus avec de certains hommes qui se sont érigés en maîtres de l'Univers, il a découvert des vérités contraires dans le fait à la conſtitution de tous les peuples dont la terre eſt couverte, & propres à bouleverſer l'Univers, mais enfin des vérités. Il faut de plus qu'il ait été intimement perſuadé qu'à l'exception de quelques imbécilles hors d'état de faire tête, le monde étoit préparé à recueillir ces vérités, & à couvrir de lauriers immortels, celui qui auroit le courage de les dire tout haut; car il y a déjà long-tems qu'on les dit tout bas. Il me ſemble même qu'on démêle ces diſpoſitions dans la ſeconde Retractation que M. H*** a préſentée : car il y paroît ſi touché ; mais en même-tems ſi étonné de l'indiſpoſition génerale des eſprits contre ſon Livre. Il eſt allarmé des conſéquences qu'on en tire, mais il ne reconnoît pas la fauſſeté révoltante des principes mêmes. Il a donc besoin d'être éclairé, & il mérite qu'on l'éclaire.

Jusqu'ici l'on a fait contre son Livre tout ce que la nécessité d'empêcher promptement le progrès du débit a permis d'exécuter à de bons esprits. La plûpart de ceux qui l'ont attaqué, soit dans des Ouvrages, soit dans les conversations particuliéres, ont cru que la simple exposition des maximes du Livre en manifestoit suffisamment le danger, pour en démontrer la fausseté. Mais dans notre siécle, prouver que des principes sont pernicieux, ce n'est pas en faire sentir l'erreur. L'orgueil a de terribles ressources dans le cœur de la plûpart de nos Philosophes modernes. Qu'on leur prouve invinciblement l'opposition de leurs principes à toute régle

Préface. xj

de Religion, de mœurs, de justice, de politique, & de gouvernement, ils vous répondent froidement: » Vous ne nous apprenez rien de nou- » veau; nous voyons très-bien cette » opposition; vous rendez donc fidé- » lement notre façon de penser. Mais » exposer ce que nous pensons n'est » pas prouver que nous pensons mal.

L'autorité sévit, mais elle n'éclaire pas toujours. Par un préjugé bizarre, depuis long-tems accrédité parmi nous, le Ministre de la vengeance publique, dont une seule parole rend infâme l'homme à qui elle est adressée par l'ordre du Juge, illustre les Livres qu'il flétrit, du moins aux yeux d'un grand nombre de personnes, qui comme les vautours ne sont attirés que par l'odeur infecte de la corruption.

D'ailleurs la vangeance publique ne tombe que sur un seul exemplaire du Livre proscrit. Ce qui est débité reste chez les particuliers, devient plus précieux à ceux même qui le jugent mauvais, & ce qui reste à débiter hausse de prix chez le Libraire, honteusement avide. L'Auteur condamne ses maximes, il se désole en secret des maux qu'il a faits, son Livre parle toujous le langage désavoué & perpétue le mal de race en race. Quelle douleur pour un homme qui aime l'humanité, de se voir dans l'impuissance d'arrêter les progrès de l'erreur pernicieuse qu'il a répanduë. N'est-ce pas le servir, & travailler à adoucir sa douleur, à arrêter, les vifs reproches d'une conscience légitimement allarmée, que de faire tous ses efforts pour enlever au Livre pernicieux & réprouvé la réputation qu'il s'est faite, & que la Retractation de l'Auteur, quelque sincére qu'elle soit, ne détruit jamais totalement?

C'est bien pis, quand un Livre est écrit d'une maniére agréable & séduisante, quand la malignité du Lecteur y est interressée & promenée sur les objets qui excitent le plus l'envie & la jalousie. Plus un tel Livre est bien écrit, & plus il est dangéreux. Le commun des Lecteurs y prend toujours pour le plaisir pur attaché à l'évidence, celui que font naître en eux l'éclat & la pureté du stile, la vérité des images, la vivacité du sentiment; & ce plaisir dont ils sont enyvrés les rend incapables d'approfondir & d'apprécier les raisonnemens. Or quoique le stile du

Livre de l'Esprit ait de l'inégalité, on ne peut disconvenir qu'il n'y ait quantité de morceaux bien écrits, avec une grande chaleur de stile, avec un anthousiasme immancablement épidémique.

Enfin on ne peut nier que le plus grand mal qui pût arriver à la Nation, seroit que les principes de ce Livre fussent reçus dans le cœur de notre jeunesse, qu'ils n'y germassent, & qu'ils ne préparassent la plus détestable des générations à la file de la nôtre. Or ce malheur est assez vrai-semblable. Ce Livre n'a reçu d'applaudissement que de la part de la jeunesse, à laquelle toute autorité est très-déplaisante, jusqu'à l'autorité paternelle. Elle est flattée & séduite, parce que l'Auteur dépose dans les mains des jeunes gens, comme à des juges d'autant meilleurs qu'ils font plus ignorans, le fceau de l'immortalité pour confacrer la mémoire des génies fupérieurs. Or le premier ufage de ce fceau ne fera-t'il pas en faveur de l'Auteur qui le leur a confié, & du feul homme du monde qui ait penfé à les en rendre dépofitaires.

Ces diverfes confidérations m'ont fait juger, qu'un Examen de l'Efprit où la verité feroit mife à côté de l'erreur, eft utile & peut-être indifpenfablement néceffaire, même après la profcription de l'Ouvrage : non que ceux qui en ont expofé les vuës funeftes n'ayent pas rempli leur objet, mais parce qu'il n'a pas été permis à leur zéle d'étendre davantage leur plan, & d'y renfermer avec la doctrine de l'Auteur la démonftration des vérités qu'elle contredit.

Je suis au reste très-sensiblement flatté de n'être à portée de produire cet Examen qu'après la dissipation de l'orage formé sur la tête de M. H***, & lorsqu'il n'a plus rien à craindre pour sa personne. J'aurois été véritablement désespéré de contribuer à augmenter ses allarmes, dans les cryses de sa vive douleur. Et si je l'eusse pressenti j'aurois abandonné mon Ouvrage. Maintenant je n'attaque qu'un Livre qui n'est plus à lui, qu'il a totalement abandonné au mépris ; je fais l'apologie de son désaveu, j'en assure la sincérité ; je justifie en même-tems les jugemens des deux Puissances & les bonnes intentions des Critiques ; je montre de plus la vérité dans le tems où les esprits sont plus réfroidis & plus en état

Préface.

état de la recevoir avec impartalité. Je ne trouve pas cette position mauvaise.

Tout le tort que je peux faire présentement à l'Auteur est de lui enlever le manteau de Philosophe. Il n'en sera ni moins aimable, ni moins estimable, puisqu'il se montrera alors avec tous ses avantages ; & il aura un ridicule de moins. Je sçai qu'il est persuadé que plus on a d'esprit, de génie, & de mérite, plus on est étroitement obligé de remplir toutes les gueules du Cerbere de l'envie ; & qu'en ce cas n'eut-on point de ridicule, il faudroit en affecter quelqu'un, pour donner de l'exercice à la triple voracité de ce monstre. Si sa pensée est juste, je conviens qu'il est dans l'obligation de se donner quelque ridicule. Mais pourquoi prendra-t'il & le plus haut dégré , & en même tems le plus pernicieux pour lui , & pour les autres. Car en vérité je pense qu'en fait de ridicule il n'y en a point de plus parfait que la représentation de Philosophe dans celui qui n'est pas fait pour l'être. Certains Littérateurs , par exemple, ne sont-ils pas trop plaisants , quand ils se mêlent de raisonner , & de moraliser. S'ils ressembloient en tout point à ces Charlatans qui divertissent le Public en vendant des spécifiques pour toutes sortes de maux , & qui ne font ni bien ni mal, j'avoue que je m'intéresserois le premier à leur conserver le rôle qu'ils jouent dans le monde, pour former un fond constant de divertissemens , & j'imagine que c'est cette vuë qui leur fait trouver d'assez puissantes protections.

Préface.

Je ne me suis proposé qu'un seul objet en composant cet Ouvrage ; c'est de prouver à M. H*** qu'il n'a point le talent de philosopher ; mais celui de discourir agréablement. Et je m'y prends, ce semble, des deux maniéres les plus propres à le désabuser, d'abord par la force du raisonnement ; ensuite par l'efficace de la plaisanterie. Je lui prouve sérieusement dans ma premiére Partie, qu'il raisonne on ne peut pas plus mal, quand il veut philosopher sur la nature des facultés de notre ame, & sur leur développement ; qu'après avoir lû & relû son Livre, on ne sçait encore ce qu'il entend par l'Esprit ; que rien n'est moins bien soutenu, que tout ce qu'il avance sur la cause de la différence des esprits, sur le bon sens, sur le génie, &c. Dans la seconde Partie de cet Examen, on fait sortir tout le ridicule de sa morale, autant qu'on en est capable, mais on ne laisse pas d'en combattre les pernicieuses maximes, & de leur opposer des vraies démonstrations.

J'avertis que dans l'une & l'autre Partie, je ne parle qu'en Philosophe, & que je ne puise que dans le fond de la raison naturelle. Mais comme les régles de l'équité, & leur application sont du ressort de la Philosophie, il ne m'a pas été permis de glisser sur une certaine affectation qu'on ne voit que trop dans plusieurs endroits du Livre de l'Esprit à plaisanter la maniére dont toutes les fausses Religions ont été établies. Il y auroit une injustice marquée si l'on prétendoit étendre ces plaisanteries sur la propagation du Christianisme;

cependant on est tenté de penser, & tous les prôneurs du Livre de l'Esprit sont dans ce sentiment, que l'Auteur fait sourdement allusion à la fondation du Christianisme. Et les adversaires de M. H*** ne sont pas rassurés, quant à ce point, par les protestations, décisives néanmoins, qu'il fait d'être attaché à la Religion chrétienne, comme à la seule véritable. Ils prétendent que pour cet Auteur le mensonge est une vertu, s'il est lié à son intérêt personnel, & s'il est persuadé qu'à la faveur de cette dissimulation il peut porter des coups mortels au Christianisme, pour en délivrer l'humanité. A mon avis ce seroit une vilaine vertu. Or ce soupçon m'a paru plus injurieux à la Religion qu'à l'Auteur même.

Il appartient à la Philosophie d'examiner comment les diverses Religions ont été établies, de peser & de comparer les moyens qui ont été employés à leur promulgation. J'ai donc cru remplir les fonctions de Philosophe, en faisant voir très-clairement dans ma premiére Partie que le contraste de la conversion du monde au Christianisme, avec la fondation des autres Religions ne peut permettre les allusions qu'on prête à M. H***, à moins qu'on ne refuse à cet Auteur la moindre teinture de l'Histoire. En démontrant la légitimité de cette réflexion, il me semble que je viens au secours du bon sens de notre Auteur, & que j'en fais l'apologie.

Cette observation est la seule dont j'aye dû prévenir le Lecteur avant de lui laisser entamer la lecture de

Préface.

ma premiére Partie. Mais il a besoin de plusieurs éclaircissemens préliminaires pour bien saisir le projet de la seconde.

Je suis persuadé que les plus sages de mes Lecteurs, c'est-à-dire ceux à qui l'on a intérêt de plaire, quand on écrit, me font déjà mon procés sur le titre de mon Livre. *Examen sérieux & comique*, diront-ils sans doute. Y a-t'il donc le mot pour rire dans un Ouvrage où tout conspire à la ruine de la Société, du Gouvernement, & de la Religion. *Et sur quoi tombe ce comique*, ajoutent-ils ? *précisément sur le ton de morale du Livre de l'Esprit. Il est bien placé-là ! Des matiéres aussi graves que celles qui font l'objet de la Morale peuvent-elles être employées dans un badinage ? Comment n'y seront-elles pas déplacées sur* tout si elles en sont le fond & le sujet principal? J'avoue que je pressentois ces reproches, lorsque je formai le double projet d'approfondir & de badiner la doctrine du Livre de l'Esprit, & j'en étois effrayé. Je cherchois inutilement quelqu'exemple frappant dont je pusse m'autoriser. Ciceron dans les Tusculanes, & dans ses Traités Philosophiques prend certainement le ton badin, il nous fournit diverses scènes drammatiques où la conversation des Philosophes de son tems est imitée. Mais il faut convenir que pour se prêter à l'urbanité Romaine, l'Orateur badine les unes après les autres toutes les opinions qu'il compare, & que le résultat de ces disputes est comme celui des conversations de nos Sçavans d'aujourd'hui. C'est la pure indécision. C'étoit peut-être tout ce que pouvoit se permettre ce grand homme au milieu d'un peuple abandonné à la superstition. C'étoit beaucoup oser que d'amener des citoyens superstitieux au point de concevoir quelques doutes sur la puissance des Dieux, sur l'usage des Augures, & de leur faire soupçonner l'unité du Maître Souverain de la nature, la spiritualité & l'immortalité de l'ame.

Les tempérammens auxquels Ciceron crut devoir s'arrêter & qui donnent du jeu à ses interlocuteurs ne pouvoient entrer dans mes vues; parce qu'ils font de la recherche de la vérité une sorte de badinage. Ils jettent un nuage qui rend la lumiére douteuse & équivoque. Il me falloit une sorte de comique, où la vérité se montrât avec tous ses avantages, parut dégagée de tout ridicule, & mit les rieurs de son côté. Heureusement je trouve dans un Moderne, des maximes propres à faire réussir mon projet; & que je chercherois envain dans Ciceron. Et quel moderne? Celui qui donne le ton à la Philosophie, à la Morale, à la Poësie; dès qu'il commence à étudier une de ces grandes parties de la Littérature. C'est l'avoir nommé que de réunir ces grands caractères dans un seul homme. Car il est unique. Qu'on lise attentivement, comme elles le méritent, les profondes réflexions qu'il adresse à son ami M. Grimm; & mon apologie est faite. Mais puisque je réclame une si grande autorité, il est juste que j'en fasse sentir tout le poids, & que je dissipe de petits nua-

A M. Grimm, p. 30.

Préface. xxvij

ges dont quelques envieux s'efforcent de la couvrir.

M. D** est né avec un caractère sensible & droit, & sa droiture sur tout est étalée avec la plus grande magnificence dans un livre immense & immortel, il n'employe que les ressources de la raison & de l'honneur. Il est Poëte & de l'espèce la plus noble, puisqu'il est Poëte Drammatique. A la vérité c'est peut-être le seul des titres qu'il se donne, qui lui soit contesté. Mais s'il passe universellement pour grand Philosophe, parce qu'il le dit, pourquoi ne croira-t'on pas de même qu'il est Poëte sur le témoignage qu'il se rend? Car il se donne expressément pour tel dès le commencement de l'admirable Epitre dédicatoire qu'il a mise à la tête de son inimitable Comédie du Pere de Famille. J'en fais juge tout Lecteur impartial. « Quelque » diſtance « y dit-il » qu'il y ait de » l'ame d'un Poëte à celle d'une me- » re, j'oſerai deſcendre dans la vô- » tre, y lire, ſi je le ſçai, & revê- » tir quelques-unes de ces penſées » (*chrétiennes*) qui l'occupent. » C'eſt ainſi qu'il parle à Son Alteſſe Séréniſſime la Princeſſe de Naſſaw Saarbruch. Il eſt donc Poëte, & Poëte ſublime.

Quand à une accuſation fort grave de Plagiat dont on a voulu noircir ſa réputation, il s'en eſt hautement purgé par quatre démentis bien frappés. Un de ſes admirateurs vient encore de renforcer cette triomphante maniére d'apologie par des Réflexions très-déciſives. Il s'agit de la Comédie de Goldoni qu'on accu-

Préface. xixx

se M. D** d'avoir plutôt pillée, qu'imitée. Son Apologiste observe qu'il y a à Paris cent Italiens qui connoissent leur Théatre, mille François qui lisent les Drames Italiens, & ceux de Goldoni en particulier » M. D**
» n'en pouvoit douter, si dans l'u-
» sage qu'il a fait de la Comédie de
» *l'Ami vrai*, il eut voulu donner
» comme de lui ce qu'il avoit em-
» prunté d'un Poëte Italien, il fal-
» loit donc qu'il espérât, ou que
» son Ouvrage n'auroit aucun suc-
» cès, & personne n'écrit dans cet-
» te idée « il est vrai que nul Auteur ne devine ces choses là » ou que
» sa Piéce attirant l'attention du Pu-
» blic, aucun de ses lecteurs n'au-
» roit lû Goldoni, aucun du moins
» ne se rappelleroit le sujet de l'Ami
» sincére : c'est-à-dire qu'il falloit que

» M. D** fut un imbécille « ou un impudent plagiaire, ce qui n'eſt pas plus vrai-ſemblable. » Or je demande » à ſes ennemis pourquoi donc nous » cacher Goldoni ? Par la même rai- » ſon qu'il s'eſt caché lui-même... » M. D** ne s'eſt permis dans cette » réticence « c'eſt une figure de Ré- thorique » que ce qui eſt en uſage » dans tous les tems parmi les Ecri- » vains de toutes les Nations... Je ne » finirois pas, ſi je voulois citer tou- » tes les tranſlations qu'on a faites » d'une langue dans une autre, ſans » ſe croire obligé de les annoncer. » C'eſt la premiére fois qu'on a don- » né le nom de larcin à l'emploi d'u- » ne idée étrangère, enrichie, anno- » blie « ſur tout par la déclaration héroïque de la veuve dans le Fils na- turel, par la grande idée d'une nouvelle formule de mariage, & par le modèle d'un nouveau genre d'inſtitution pour les enfans. Et ces grands traits ne ſont certainement pas ſortis d'une tête Italienne. » Et ſur tout » appliquée à un genre qui n'eſt pas » celui de l'original. « Que l'on compare ces réflexions profondes avec quelques feuilles de l'Année littéraire, & l'on verra comme l'innocence triomphe.

On ajoute de plus à l'honneur de ce grand Original » que dans les » Drammes, où l'on cherche Goldo- » ni, on trouve par tout Euripide & » Homere « fait ſi conſtant qu'il eſt inutile d'en citer un ſeul exemple » la nature m'a donné le goût de la » ſimplicité « on le voit très-clairement dans les penſées ſur l'interprétation de la nature » voilà mon ſe-

» cret, dit M. D** celui qui liroit
» Homere avec un peu de génie, y
» découvriroit bien plus sûrement la
» source où je puise.

Voilà l'autorité de mon modèle & de mon garand bien établie » les » méchans le trouvent dangereux. « Mais je me moque de la façon de penser des méchans, & les sages dont je préviens les plaintes s'en moquent tous comme moi. On est bien heureux quand on n'a d'autres ennemis que les méchans. Je goûte ce bonheur peut être plus encore que M. D**.

Que nous enseigne ce sublime génie. » Il est une sorte de Drame où » l'on présenteroit la morale directe-
De la Poësie Dram. à M. Grimm, p. 18. » ment & avec succès. En voici un » exemple. Ecoutez bien ce que nos » juges en diront ; & s'ils le trou-
» vent

» vent froid, croyez qu'ils n'ont ni
» énergie dans l'ame, ni idée de la
» véritable éloquence, ni sensibilité,
» ni entrailles... C'est la mort de
» Socrate « cette décision est bien frappée, & c'est de-là que je suis parti.

Cet Auteur, en diversifiant nos amusemens, veut aussi diversifier les maniéres de nous instruire, c'est pour cela qu'outre le comique larmoyant ou métaphysique, le sérieux & le guai, il veut encore imaginer un autre genre qui tienne de la Tragédie & de la Comédie sérieuse; c'est-à-dire apparemment les fondre ensemble, sans doute pour représenter plus au naturel la face de ce monde, où le grand tient toujours au petit par quelqu'endroit. Qui entremêleroit le tragique, le comique élevé, bas, sérieux ou guai, ne repréſenteroit qu'avec plus de vérité les ſcènes du monde. Il eſt vrai qu'en partageant trop l'ame du ſpectateur, on manqueroit le but qu'un Poëte doit ſe propoſer.

Quoiqu'il en ſoit je me ſuis cru autoriſé à traiter la Morale dans un genre de Roman Comique, lequel, comme les Drames de M. D** ne reſſemble à rien des uſages que l'on a tirés juſqu'à préſent de la plaiſanterie. On m'oppoſera ſans doute encore qu'il eſt des licences permiſes au génie inventeur, & interdites au ſimple imitateur. Je réponds que je ne ſuis que de très-loin mon modèle; que je n'ai pas oſé entreprendre un Drame. Ma ſeconde Partie ne renferme que des eſquiſſes de pluſieurs pièces comiques ; ou tout au plus le vaste sujet d'un de ces Drames, qui chez nos voisins renferment plusieurs années ; & qui peuvent même circonscrire un siécle. Pourquoi la régle des vingt-quatre heures seroit-elle seule conservée ? Un Drame dont l'action occuperoit un siécle, & seroit joué comme dans les Colléges dans l'espace de sept ou huit heures, représenteroit merveilleusement la rapidité avec laquelle les âges de la vie humaine se succédent, l'enfance y dominant toujours. Notre nouveau Poëte, & maître en poëtique fait assez peu de cas des régles du Théâtre. En étendant un peu ses réflexions on pourroit se moquer de la loi des vingt-quatre heures, comme de toute autre ; sur-tout quand on se destine à composer des Comédies qui ne peuvent être mises au Théâtre. C'est même par l'aisance que donnent ces compositions faites simplement pour être luës, que les cinquante-trois scènes du Pere de famille, commençant à la pointe du jour, finissent quand elles peuvent. On prend tout à son aise le tems qu'il faut au pere pour endoctriner son fils, pour l'écouter, pour le maudire paternellement, & de manière à faire sentir qu'une telle malédiction est sans conséquence : tout celui qui est nécessaire au Commandeur pour surprendre une lettre de cachet ; pour en menacer, pour la mettre à exécution, &c. Enfin pour renfermer dans cette piéce gentille tous ces traits recueillis avec tant de goût dans Euripide & dans Homere.

Je ne me permettrois pas assurément de travailler pour le Théâtre ;

quand j'aurois réuni tous les talens néceſſaires. Car, on le voit bien, je ne ſuis pas admirateur ſervile de M. D**. Ainſi je ne conviens pas avec lui que les ſpectacles ſoient propres à détruire les préjugés, ni à extirper les vices ; mais j'avoue qu'ils ſervent à corriger des ridicules. Moliére réforma les Précieuſes & les ajuſtemens ridicules de ſon tems. Il ne corrigea ni un Tartuffe, ni un Avare : ce qui a été obſervé avant moi. Je conviendrai encore moins que ce ſoit un moyen dont le gouvernement puiſſe tirer un grand uſage, quand il eſt queſtion de préparer le changement d'une loi, ou l'abrogation d'un uſage. Je croirai toujours que les ſpectacles, quelque châtiés qu'ils ſoient ont leur utilité & leur danger ; & qu'il s'en faut bien que

A M. Grimm.

la compensation soit exacte. Et quoique le nouvel Apologiste de M. D** réclame en faveur de ce que lui-même a écrit contre M. J. J. Rousseau, l'autorité de son protégé, je ne crois pas que Messieurs de Genève tiennent pour bien battu le protecteur de leurs mœurs. Effectivement peuvent-ils être persuadés par le trait satyrique dont l'Apologiste fait le fort de sa deffense. Il termine, dit-il, son Extrait par une réflexion qui autorise son opinion contre celle de M. Rousseau, » & qui seule aura plus de poids » que toutes les raisons que j'ai pu » employer. *Attaquer les Comédiens* » *par leurs mœurs, c'est en vouloir à tous* » *les Etats* « qui se l'imagineroit ? » *at-* » *taquer le spectacle par son abus, c'est* » *s'élever contre tout genre d'instruction* » *publique. Et ce qu'on a dit jusqu'à*

» *présent là-dessus appliqué à ce que les*
» *choses sont, ou ont été, & non à ce*
» *qu'elles pourroient être, est sans justi-*
» *ce & sans vérité :* « c'est-à-dire appliqué à ce que deviendroit le Théâtre réformé par M. D**.

On pourra encore retourner l'objection à laquelle je tâche de répondre. Que je mette dans un Roman comique, me dira-t'on, la deffense importante de la Morale, ou que je l'insére dans une Comédie, y a-t-il plus de décence dans l'un de ces partis que dans l'autre. L'objection devient pressante, mais il me semble que j'en dissiperai tout le spécieux.

J'écris contre une espèce d'hommes qui, s'ils sont bien peints, *doivent à chaque instant amener les ris sur le bord des lèvres, & les larmes aux yeux,*

Préface.

<small>A M. Gri-
mm, p. 20.</small> & à plus juste titre que Socrate condamné à la mort. Car je ne lis point leurs Ouvrages, que je n'aye envie de rire & de pleurer en même-tems. J'écris contre les opinions les plus ridicules, & le plus ridiculement traitées. Les Auteurs & la doctrine que je combats sont donc également dans le genre comique.

J'écris pour des hommes légers & prévenus qui se rebutent à l'apparence même du genre sérieux & démonstratif. Il faut les amuser pour les intéresser à s'instruire. J'ai dû profiter par conséquent de tout ce que mon objet comportoit de ridicule pour attirer leur attention.

Je n'écris point pour perdre les Auteurs; je n'en veux qu'à leur doctrine & je serois fâché de nuire le moins du monde, à leur état, à leur fortune, à leur liberté. Je me suis trompé tant de fois depuis que je raisonne, (& il y a long-tems que je fais ce stérile métier) que je ne hais point un homme à cause qu'il donne dans quelqu'erreur. Le parti le plus sage, dès qu'il est nécessaire d'arrêter les progrès d'une doctrine pernicieuse est peut-être de la prendre plûtôt par le côté burlesque qui fait rire, que par le côté dangereux qui allarme, & qui fait frémir. Et cette façon de penser, je la tiens encore de M. D**, & je lui en fais honneur: car je ne crains rien tant que de me donner le moindre vernis de plagiat. Ecoutons cet arbitre du bon goût.

» Qu'est-ce qu'Aristophanes? Un » farceur original. Un Auteur de » cette espèce doit être précieux aux

A M. Grimm, p. 26.

» Gouvernement , s'il fçait l'em-
» ployer « parce qu'il fe moquoit des
Dieux, des hommes vertueux, &
qu'il décrioit les perfonages les plus
utiles à la République. Ce n'eft pas
fur cette réflexion que je me retran-
che. Mais voici celle qui m'a décidé.
» C'eft à lui qu'il faut abandonner
» tous les Anthoufiaftes qui troublent
» de tems en tems la fociété. Si on les
» expofe à la Foire, on n'en remplira
» pas les prifons. «

La décifion n'eft pas fi dure que l'avis d'un Auteur Hollandois qui a très-bien réfuté les penfées philofophiques. Il confeilloit à M. le Procureur Général de requérir dans fes conclufions contre les Auteurs de ces fortes de Libelles, fix mois de féjour aux Petites Maifons. Le reméde ne feroit pas mauvais. Une retraite de

Préface. xliij

cette espèce apprendroit immancablement à ces Auteurs sublimes, qu'il est le prix du bon sens dont ils font si peu de cas.

Que ces Auteurs, ceux à qui j'ai affaire, soient des Anthousiastes & des fanatiques de la Philosophie, il ne faut que lire leurs ouvrages, pour s'en convaincre. Ils sont sans autorité, & ils déclament avec l'autorité des Prophètes. Ils parlent non-seulement à leurs concitoyens, mais à l'Univers. La chaleur de leur stile tient à l'instinct poétique, & c'est par le ton qu'ils prennent, & nullement par la force du raisonnement, qu'ils prétendent subjuguer les hommes. Quand ils se donneroient pour inspirés, ils ne traiteroient pas plus cavalièrement les Princes, les Ministres, les différentes constitutions de Gouvernemens. Tout à leur avis est à réformer dans le monde. Rien n'y est bien. Ils se croyent faits également pour anéantir & créer de nouveau le monde matériel, & celui des intelligences. Ils mettent les hommes au rang des brutes, représentent les premiers hommes, comme des bêtes farouches, qui à force de tems ont appris à parler, & à convenir entre eux de quelques principes, & ils nous font espérer fort sérieusement, que les bêtes trouveront aussi quelque jour le secret d'articuler leurs cris, leurs chants, ou leurs rugissements, de convenir de l'application de ces articulations aux idées, & de conduire des troupeaux d'hommes, comme un berger menne ses moutons. Or ces effets de l'anthousiasme sont assez plaisans pour fournir à un divertissement, & même à plusieurs.

Si je pensois, comme M. D**, « qu'un bon Poëme est un conte digne » d'être fait à des hommes sensés ; « j'imaginerois avoir fait un Poëme. Mais je mets le genre de la poësie bien au-dessus de mes foibles élans ; étant très-éloigné de penser à dégrader cet art si difficile, dans le dessein de me persuader que je le possède. Il ne suffit pas même à mon avis qu'un conte roule sur le merveilleux pour servir de fond à un Poëme. Le merveilleux doit être dans la maniére de conter, plutôt que dans les choses narrées. La prise de Troye par le moyen d'un cheval de bois n'est qu'une bêtise sortant de la bouche d'une bonne femme qui narre ce prodige à sa façon. C'est tout autre chose sous la plume de Virgile. J'ai bien peur que l'histoire de l'Ourang-outang ne reste dans le médiocre malgré la singularité des faits qui y sont rapportés. Je m'y suis proposé de montrer comment les idées peuvent être développées dans un homme qui ne seroit prévenu par aucune éducation. Nos Philosophes soutiennent depuis quelque-tems, qu'une petite créature humaine abandonnée à la compassion des bêtes le moment d'après sa naissance, élevée parmi elles, & ne recevant aucune instruction de ses semblables, ne penseroit pas différemment des bêtes. On a même proposé d'en faire l'expérience. Je n'ai jamais pu comprendre sur quoi on appuyoit des conjectures si singuliéres. Nous avons tant de sourds de naissance très intelligens; & au

Préface. xlvij

point qu'on leur apprend à parler, & à écrire. Ils ont les mêmes sens que nous ; ils ont donc les mêmes idées. Les idées sont antérieures au langage ; puisque les mots ne sont que des signes d'institution qu'on est convenu de lier aux idées. Comment veut-on que le langage qui suppose les idées, soit la cause des idées ; & que faute d'entendre parler des hommes, un enfant abandonné dans les forêts ne pût parvenir à penser ? Mais dans l'histoire de l'Ourang-outang ai-je jetté assez d'intérêt, & de cet intérêt qui plaît à notre siécle. J'en doute, sur-tout depuis que j'entends les applaudissemens qu'on donne à une certaine Brochure qui paroît dans le moment, & qui est bien au-dessous du nom sous lequel on la débite. On y badine l'opinion de

Leibnitz sur l'Optimisme. Mais le fait-on avec les égards que méritent & le Public, & le nom de Leibnitz.

Il me reste à dire un mot du plan de ma seconde Partie. L'idée en est prise des pratiques en usage à la Chine, pour éprouver ceux qui veulent prendre des degrés parmi les Lettrés, & parvenir au Mandarinat. Ces épreuves sont longues à la Chine. Elles ont pour objet la Morale, & les principes du Gouvernement. Quoique les Lettrés y passent pour Athées; ils ont les plus hautes idées de la perfection morale. Il ne faut que jetter les yeux sur les maximes de Confucius pour se convaincre qu'il ne faisoit pas dépendre la vertu des caprices des hommes, ou de ce qu'ils imaginent de conforme au bonheur bien ou mal entendu de la société.

société. Tout est rapporté aux devoirs naturels des peres dans ceux qui gouvernent, & aux devoirs naturels des enfans dans ceux qui sont gouvernés. Ainsi Confucius est leur Législateur ; mais le Législateur de Confucius est la nature.

Nos nouveaux Lettrés de France n'ont donc rien de commun avec ceux de la Chine pour le fond de la doctrine. Le Livre de M. H*** n'eut pas trouvé un seul partisan parmi les Chinois; & l'Auteur y eut couru d'autres risques que ceux auxquels il a été exposé parmi nous. Un Mandarin l'eût fait venir sur la premiére énonciation des Discours de l'Esprit, & tout au moins, l'ayant bien admonété, il l'eut fait mettre à genoux, de maniére que le délinquant ayant le dos tourné au Magistrat, celui-ci eut renversé la tête du patient, l'eut mise & serrée entre ses genoux, & à grands coups de poing sur l'une & l'autre jouë, il lui eut meurtri paternellement la phisionomie. C'est leur maniére d'apprendre à être plus circonspect à l'avenir, & cette maniére n'inflige aucune ignominie; on en est quitte pour le mal, & un François préfére la douleur aux flétrissures infamantes.

Dans la doctrine Chinoise, l'amour de l'ordre décide du bien-être. L'homme vertueux doit aimer la vertu, comme le sçavant aime les connoissances, comme le sensuel aime les plaisirs. Au contraire nos *Lettrés* François bornent l'homme à l'appétit sensuel. Comment donc pourroient-ils être les émules des Chinois? en sont ils dignes? Non. Mais à la Chine la Philosophie menne à

Préface. Ij

tout, dans le Gouvernement militaire & dans le civil, à la Cour & à la Ville. Il faut y être Philosophe, pour y parvenir. Or chacun de nos Philosophes François se croit capable de gouverner l'Univers ; & il est fort surpris de n'être pas choisi pour être mis à la tête des affaires. Ainsi ils conviennent tous en ce point, qu'il seroit à souhaiter que le régime Chinois fut introduit en France ; mais chacun d'eux pense qu'il faudroit, afin que tout allât bien, qu'il fut l'unique Législateur. Ce seroit une épreuve à faire, que d'en mettre quelqu'un dans le Ministére ; elle seroit effectivement comique. Qu'ils pensent, ces Messieurs que leur doctrine ne serviroit qu'à abatardir la Nation, qu'à jetter la patrie dans l'anarchie, dans la débauche, dans la plus grande désolation. Mais dans ce siécle on ne s'entretient que du bien public, & l'on ne pense qu'à soi.

Je représente trois Philosophes à la campagne occupés à former le premier modéle d'une Académie de Lettrés en France, & des exercices propres à éprouver ceux qui aspirent à s'y faire initier. Ils font soutenir trois thèses à un jeune Seigneur, comme on fait dans les Collèges; où de tels actes sont quelquefois des farces sérieuses ; & presque toujours très-ennuyeuses.

Peut-être n'aurai-je observé que trop bien le costume en ce point. Et si j'ennuye, ce sera mon excuse, que j'appuyerai encore d'une maxime de M. D**. Il étend beaucoup cette loi du costume lorsque proposant pour sujet d'un Drame la mort de Socrate, il donne cet avis. » Il faut qu'on

Préface. iij

» life les accufations, que Socrate
» interpelle les Juges, fes accufa-
» teurs, & le peuple, qu'il les pref-
» fe, qu'il les interroge, qu'il leur
» réponde « (& probablement qu'il
foit lui-même interrogé fur la fel-
lette. » Il faut raconter les chofes,
» comme elles fe font paffées, & le
» fpectacle n'en fera que plus vrai,
» plus frappant & plus beau. « En
conféquence de cette grande maxime contre laquelle les goûts délicats auront toujours tort de réclamer; & de l'exemple que notre Auteur univerfel propofe, il faut que
dans une thèfe les queftions les plus
fortes, & les plus compliquées foient
agitées avec feu. Auffi a-t'on cru devoir pouffer la queftion de la fpiri-
tualité & de l'immortalité de l'ame
jufque dans fes derniers retranche-

A M. Gri-
mm, p. 19.

d iij

mens. En quoi on a eu l'audacce de suppléer M. D** & d'aller plus loin que lui ; mais, ce qui nous excuse, nous ne l'avons fait qu'à sa sollicitation ; & nous courons devant lui, parce qu'il nous l'ordonne. Car il veut que la question de l'immortalité de l'ame soit discutée dans la Tragédie de la mort de Socrate. Mais avec cet air religieux & modeste qu'on lui connoît ; il ajoute : » traite-» ra cette matiére qui l'osera, pour » moi je me hâte vers mon objet, « fort différent apparemment des espérances que le dogme de l'immortalité fait naître.

Je me flatte que la maniére de philosopher de nos modernes sera assez bien renduë. Ils déclament continuellement contre les abstractions, & ils en abusent continuellement, ils ne parlent que de la nécessité de fonder tout raisonnement sur l'expérience ; & perpétuellement ils substituent à l'expérience les hypothèses les plus abstraites & les plus compliquées. Leur indique-t'on quelque expérience qu'on ne peut faire sur soi-même qu'en rentrant dans l'intime de son ame ; qui coûte à tout homme, & à la legéreté Françoise plus qu'à toute autre Nation, c'est ce que nos Philosophes appelleront des abstractions. Quand ils vous ont conduit au loin dans le pays perdu des chimères, qu'ils ont usurpé sur les anciens Logiciens Hybernois ; quand on les force à consulter ce qui se passe en eux de plus intime, ils crient que cette maniére de philosopher est trop abstraite ; c'est appliquante & fastidieuse, qu'ils veulent dire. On verra dans cet Ouvrage ces Gafcons de la Philofophie, tels qu'ils font; c'eſt-à-dire raiſonneurs inconféquens, foibles, & orgueilleux.

On eſt encore entré dans les vues de M. D** ſur un point qu'il recommande comme très-intéreſſant. Il nous dit que » toute piéce où la Pen- » tomime aura été négligée ne ſe » pourra *pentomimer*. En faveur de nos Poëtes Dramatiques qui voudroient jouer nos Philoſophes amuſans, on a indiqué autant qu'on a pu la Pentomime, en multipliant les quatre points qui marquent toujours au moins le tems & le lieu, où il faut que le Lecteur ſupplée les ſentimens qui manquent à l'Auteur, & les geſtes, les attitudes de tête, les manœuvres dans les muſcles du viſage propres à exprimer ces mêmes ſentimens.

Je n'aurois pas été si heureux à fournir de l'imagination, tout ce que notre Auteur veut qu'on mette de brillant & d'intéressant dans un Drame. Quand de ce côté-là, je me compare à ce grand modèle, je me trouve de la petitesse la plus difforme; & je ne peux m'excuser que sur le refroidissement de l'âge. J'avoue que ce qu'il dit de l'excellence de l'imagination m'humilie & me desespére, & cela fera sans doute la même impression sur bien d'autres. Et c'est par un sentiment profond d'humilité que je rapporte les merveilles qu'il nous dit de l'imagination.» C'est tout
» l'homme que l'imagination « nous dit-il. » L'imagination, voilà la qua-
» lité sans laquelle on n'est ni un
» Poëte, ni un Philosophe, ni un
» homme d'esprit, ni un être rai-
» sonnable, ni un homme. « Et, que

le Lecteur l'obſerve bien, s'il lui plaît. C'eſt effectivement la faculté dominante chez l'Auteur. Mais quoiqu'il la poſſéde au ſouverain degré; il eſt tout auſſi embarraſſé à la définir que le pauvre M. H*** l'a été à nous apprendre ce que c'eſt que l'Eſprit, quoiqu'il en ait prodigieuſement. M. D** exprime divinement ſon embarras en ce point. » Qu'eſt-ce donc que l'imagina-
» tion, me direz vous. O, mon
» ami, quel piége vous tendez à ce-
» lui qui s'eſt propoſé de vous en-
» tretenir de l'Art Dramatique! S'il
» ſe met à philoſopher, adieu ſon
» objet. « Mais s'il ſent la difficulté, il ſçait s'en demêler avec cette ſagacité qui n'eſt qu'à lui. Car il répond, ſans tâtonner le moins du monde, ce qui ne viendroit à l'eſprit de perſonne. L'imagination eſt la facul-

Préface. lix

té de se rappeller des images. Voilà du neuf, comme l'on voit. Tout autre, moins adroit & moins profond, prendroit cette définition pour celle de la mémoire ; & seroit assez simple pour définir l'imagination, la faculté de revêtir ses pensées d'images anciennes ou nouvelles, & de penser le sentiment. De même les petits esprits croiront que de toutes les facultés de l'ame, l'imagination est celle qui dépend le plus du méchanisme du cerveau ; qui tient le plus à l'automate. M. D** décide au contraire que c'est la faculté de penser qui dépend le plus de la machine. » Oh! combien l'homme qui pense » le plus est encore automate. « Le Géometre, ni le Philosophe ne trouvent pas leur compte dans ces hautes réflexions. Tant-pis pour eux. Moins ils ressembleront à M. D**, moins ils seront hommes.

On sera peut-être surpris que je m'écarte du plan de critique qu'on a universellement adopté en écrivant contre le Livre de l'Esprit ; que je n'impute pas à ce Livre l'erreur stupide du Matérialisme. C'est que je n'y ai vu que le Riénisme le plus absolu sur la nature de l'ame. C'est la maladie de nos Philosophes, je les compare aux Quinze-vingts qui seroient convenus de crier dans tous les coins de Paris : nous ne voyons rien ; nous ne sçavons ce que c'est que couleur ; ô vous prétendus voyans, croyez sur notre parole, & sur notre expérience, car nous sommes de la meilleure foi du monde, croyez que vous ne voyez rien non plus ; & que vous n'éprouvez aucune sensation de couleur, ce qui est si vrai, que quand nous vous demandons ce que c'est que

Préface. lxj

couleur vous ne sçavez ce que vous dites ; non plus que nous. C'est l'apologue du jour. Toute la différence que je trouve entre les Quinze-vingts & les Philosophes à la mode ; c'est que nous répondons aux premiers : Si nous ne pouvons vous expliquer comment nous voyons, il est pourtant certain que nous voyons, & que vous ne voyez pas. Au contraire nous répondons à nos aveugles Philosophes : Vous trouvez dans vous même tous les phénomènes qui nous apprennent à distinguer notre ame de notre corps ; mais vous vous obstinez à ne pas le voir.

Au reste, je ne connois ces Philosophes que par leurs ouvrages. Ainsi le Lecteur doit prendre mes Personnages pour des êtres d'imagination. Si l'on croit y reconnoître quelcun, je puis assurer d'avance, avec la plus grande sincérité, que je n'ai pensé en aucune façon à décrire les maniéres, ni la figure, ni le ton d'esprit, ni le caractère, ni les mœurs de celui qu'on aura deviné. Pour le genre de ridicule philosophique que je crois avoir passablement attrapé, il convient à tant de monde dans notre siécle, qu'il y auroit de l'injustice à m'accuser d'avoir pris quelque particulier pour modèle. Je déteste les personnalités; & je ne me croirai jamais permis, pour la défense même de la vérité, de la religion, de la raison, & de la constitution du Gouvernement, ces satyres personnelles, que nos adversaires publient furtivement contre ceux auxquels ils desespérent de répondre, & qui prouvent que le fanatisme philosophique est persécuteur de sa nature, comme le fanatisme de Religion.

Préface. lxiij

On m'a soupçonné fort mal-à-propos dans le Journal Encyclopédique d'avoir composé les Préjugés légitimes contre l'Encyclopédie ; & d'avoir engagé M. Chaumeix à me prêter son nom. C'est bien gratuitement. Je n'ai pas l'honneur de connoître cet Auteur courageux. J'ai entendu dire beaucoup de bien de son Ouvrage, & ce n'est qu'en faveur de l'Auteur, que je confirme le témoignage qu'il s'est rendu à lui-même depuis peu, avec plus d'égards pour moi que je n'en mérite. Je suis bien aise d'avoir l'occasion de lui donner un témoignage public de ma parfaite estime ; & de partager avec lui, s'il le faut, les ignominies qu'il s'est si glorieusement attirées. Il est fort plaisant qu'on m'ait accusé d'avoir prêté mon nom à M. de Reaumur pour les Lettres Américaines, & qu'on me prête enfuite la lâcheté de me déguifer fous un autre nom ; quand il s'agit de défendre la Religion & la raifon.

Il y a longtems que je travaille à un ouvrage dans le deffein de donner un préfervatif contre la Philofophie de l'Encyclopédie. Il va paroître inceffamment. Mais par ménagement pour les Auteurs, & pour la partie du Public qui faifoit cas de ce grand Dictionnaire ; je fais voir le poifon dans les fources où les articles pernicieux de ce Dictionnaire ont été puifés, fans dire un mot de ces mêmes articles. Ainfi je ne me trouve point en concurrence avec M. Chaumeix. On fçait cela depuis longtems ; & c'eft apparemment ce qui a donné lieu au foupçon du Journal Encyclopédifte. Je crois que le Public me fçaura gré de l'avoir prévenu fur tous ces objets.

EXAMEN

EXAMEN
SERIEUX ET COMIQUE
DES DISCOURS
SUR L'ESPRIT.

****

LETTRES
A UN HOLLANDOIS.

PREMIERE PARTIE.
PREMIÉRE LETTRE.

*Observations générales sur le Livre intitulé;
De l'Esprit.*

OUR bien sentir l'esprit d'un Auteur, il ne faut pas, Monsieur, s'attacher d'abord à pénétrer ses intentions, on s'exposeroit à juger témérairement. Mais il

I. Partie.   A

faut tenter de découvrir la filiation de ses idées, en remontant jusqu'aux principes dont il fait la baze de sa doctrine, & qu'il n'expose pas toujours. Quand on suit ce procédé, on trouve souvent, qu'un ouvrage qu'on avoit cru destiné à soutenir l'impiété n'est qu'une erreur philosophique. On s'allarmoit, on s'affligeoit à la première lecture ; à la seconde on rit, & l'on finit plus raisonnablement par sa pitié.

C'est précisément ce qui m'est arrivé à l'égard du traité de l'Esprit, dont vous exigez, Monsieur, que je vous rende compte. A la première lecture j'ai vu les principes des mœurs détruits, la raison dégradée, l'homme réduit à la condition des bêtes, plus brute qu'elles, & peint dans sa plus grande difformité : j'ai vu le Créateur écarté de la Société, sans culte, sans influance sur les actions humaines, & dépouillé de la qualité de souverain Juge : enfin j'ai vu tout système de Législation frondé, tous liens de subordination rompus. J'ai été frappé d'indignation, & de terreur.

Mais quand j'ai voulu approfondir la doctrine du Livre, je n'y ai découvert que l'Anthousiasme de nos modernes pour la philosophie de Locke, & pour les Paradoxes de Baile ; je n'ai trouvé qu'une compilation de tant de sentimens hazardés, qu'on voit épars dans tous ces Livres, dont nos Philosophes modernes inondent le public, plus encore à la ruine de la raison, qu'à la destruction de la religion à laquelle ces Auteurs font une guerre ouverte.

On ne sçauroit croire, Monsieur, jusqu'où va la fureur de tous ces Philosophes prétendus contre les idées innées. Cette opinion est fausse : mais le faux met-il en colère ? Elle est ridicule ; mais le ridicule n'excite qu'à rire. Il y a donc quelque intérêt secret dont sont animés ceux d'entre eux qui donnent le ton à leur petite Société, & qui possèdent au souverain degré l'art de passionner les éléves qu'ils imbibent de leurs sentimens. Or le voici cet intérêt qu'ils se gardent bien de développer devant leurs disciples. S'il y a des idées innées, ce sont certainement les premiers principes des Mœurs & de l'ordre des Esprits : or on veut que ces principes soient arbitraires. Et de ce qu'il n'y a point d'idées innées, ils concluent que toutes celles qui nous éclairent, en quelque genre que ce soit, ne peuvent être que des transformations, ou des rapports de nos sensations. Les idées de perfection, & d'imperfection morales ne sont donc selon eux que des sensations déguisées. Les formes éternelles de juste & d'injuste que Platon a imaginées, & dont Malbranche s'est saisi sont de pures chimères. Le beau moral d'où dépend certainement la perfection de l'ame est un phantôme, & l'idée de Dieu en est un autre.

Mr. H ***. affligé des désordres que de pareilles conséquences tournées en dogmes causeroient dans la Société ; ignorant que l'expérience nous découvre un parti moyen entre l'opinion de Malbranche & celle de Locke, convenant, en conséquence, de principe avec nos Philosophes modernes, veut pourtant qu'il y ait un beau moral indépendamment des vuës arbitraires des hommes, & il ne le peut tirer d'aucun rapport senti avec la sagesse, ou la volonté de Dieu. Il faut donc qu'il le cherche dans nos sensations. C'est la mine unique qu'il ait pu creuser, & ce n'est pas sa faute, s'il n'en peut tirer qu'une terre stérile. Persuadé d'ailleurs avec raison que l'expérience est la boussole du Philosophe, il a étudié la conduite des hommes, il a observé que le très-grand nombre se conduit uniquement par sentiment, & se dérobe à la lumière; & que la vertu est toujours soupçonnée de quelque alliage avec l'intérêt personnel.

Il a donc mis de côté ce que l'homme devroit être, pour examiner ce qu'il est, & nous a donné la Morale pratique de l'homme totalement isolé par rapport à

Dieu. Conséquemment il fait consister la vertu dans l'union de l'intérêt personel avec l'intérêt public. Etrange espèce de vertu qui n'engage à aucun effort ; & qui ne demande aucune victoire sur soi-même. Ainsi il ne reconnoit ni vertu ni probité dans les procédés de particulier à particulier, de famille à famille ; aucun mérite dans ces traits de générosité secrete dont il est très-capable, par lesquels on prévient les besoins du misérable, en ménageant sa délicatesse.

L'unique moyen que notre Auteur ait imaginé pour affectionner des Athées au bien public & leur donner quelqu'idée de vertu, ne convient qu'au petit nombre des Citoyens, qui par leur condition, par leurs richesses, ou par leur crédit peuvent se rendre utiles à la R. P.

Baile avoit soutenu dans sa Cométe, si je ne me trompe, que dans un peuple d'Athées il y auroit des vertus comme parmi les Chrétiens. Il fut l'inventeur de ce Paradoxe, par lequel il flatta infiniment tous ceux qui avoient quelqu'intérêt à faire passer en maxime, que l'irréligion n'est pernicieuse, ni aux mœurs privées, ni au corps politique. M. H***. a adopté le Paradoxe en aspirant à la gloire de la *seconde invention*, comme il s'exprime quelque part. C'est à-dire, qu'il a renchéri sur la pensée de Baile, & qu'il l'a portée au plus haut point de généralité, en soutenant qu'il n'y a pas d'autres vertus que celles que l'impiété peut se permettre, & que toutes sont des fruits de l'amour de préférence que nous avons pour nous-mêmes uni par intérêt au bien public. C'est dans ce point d'oubli de Dieu, & de toute religion qu'il présente les hommes au Législateur, pour les soumettre à des loix propres à les rendre les plus heureux qu'il est possible, comme si l'Univers étoit totalement plongé dans les horreurs de l'Athéïsme. Dans ce projet il va bien loin au-delà des vûes de son maître.

Baile croyoit les Athées capables de motifs désintéressés, & pensoit que l'impie voyant comme les autres hommes, l'ordre moral, & la beauté des régles immuables des esprits, pouvoit en être épris comme eux, aspirer à la perfection, aimer à faire le bien pour le bien, sacrifier, comme Cassius, l'amour inné de sa propre existence à la liberté de la patrie avec plus de générosité, & de constance que n'en eut Brutus, qui osa accuser la vertu du mauvais succès de ses fausses mesures. Baile sçavoit très-bien que les Athées, pour nier l'existence de leur ame ne la sentoient pas moins, & que de même, en s'obstinant à ne pas croire l'existence de Dieu, ils n'en sentoient pas moins la présence dans toutes leurs sensations, & dans toutes leurs pensées; parce que se sentir modifier, c'est sentir la présence & l'action de la cause qui nous modifie.

Penser, c'est écouter les enseignemens d'une intelligence qu'on ne voit point;

voir la perfection à laquelle on aspire, c'est avoir un modèle présent. Ainsi Baile prétendoit que l'Athée est susceptible de sentimens nobles, généreux, bienfaisans, désintéressés ; qu'il sent malgré lui-même de l'attrait pour la perfection par un commerce intime avec la cause & le modèle de toute perfection ; (commerce qui est un secret pour l'Athée) & qu'il est semblable en cela au sauvage qui respirant un air pur, dont il sent sa poitrine rafraîchie, nie cependant que l'air soit un corps, croit se mouvoir dans un vuide absolu, & s'obstine à juger que l'élément dont le ressort entretient la vie, est le néant. M. H***. enléve à l'Athée comme aux autres hommes toute idée de perfection de l'ame ; & par conséquent il ne comprend pas dans ce qu'il nomme intérêt personel, l'intérêt noble que nous avons à nous perfectionner. Il borne notre attrait pour le bien être au plaisir qui ne rend jamais meilleur, & à desirer d'être bien, sans jamais penser à être bon. Eh ! bon Dieu, n'a-t'il donc jamais lû les Offices de Cicéron !

L'Auteur témoigne néanmoins du respect pour la véritable Religion, tandis qu'il la suppose totalement éteinte dans le reste des hommes qu'il se propose d'instruire ; mais il faut convenir que ce respect n'est pas trop bien *ammalgamé*, pour me servir d'une expression précieuse de l'Auteur, avec le fond de la doctrine de son Livre.

C'est un sel jetté dans un liquide incapable de le dissoudre, il y reste en grain, & ne peut ni pénétrer les élémens de ce liquide, ni se loger dans les interstices qu'ils laissent entre eux ; il y est continuellement poussé & agité par leur mouvement intestin. M. H ***. fait connoître l'esprit du Christianisme, & sçait le faire valoir, il distingue notre Religion de toutes celles dont les principes excitent à la violence ; & à porter le fer & le feu partout où elles ne peuvent pas être introduites de bon gré.

Il nous repréſente la foi comme le ſupplément néceſſaire de la raiſon, & renvoye à cette lumière divine, pour nous inſtruire ſur la ſpiritualité & l'immortalité de l'ame; deux objets qui intéreſſeront toujours tout homme qui ne ſe ſent pas indigne d'exiſter. S'il étoit vrai, comme l'Auteur le prétend que la raiſon ne peut découvrir ces dogmes par ſes propres lumiéres, & que ce fuſſent des myſtères de la révélation, ils ſeroient ſeuls capables d'attirer toutes les belles ames dans le ſein du Chriſtianiſme.

2. Il loue la Morale chrétienne & ne ſent pas l'impoſſibilité de la concilier avec la ſienne. Mais il revient ſans ceſſe avec un feu étonnant, à maudire les maux que le zèle fanatique pour la Religion a fait à la Société; comme s'il n'y avoit parmi les hommes d'autres cauſes de diſſentions que ce zèle mal entendu; comme ſi ce zèle n'étoit pas le prétexte, pluſtôt que le motif de ces diſſentions. Le fameux toupet de cheveux qui fit périr tant de

milliers d'hommes à la Chine, ne prouve que trop qu'un rien peut engager les hommes à se diviser entre eux, & à se faire la guerre la plus cruelle. On sent encore mieux quelle est la *force répulsive* de la doctrine de l'Auteur, contre la force *attractive de la Religion chrétienne*, contre l'économie de toute Religion & de toute espèce de moralité (j'emprunte encore les expressions de l'Auteur) lorsqu'on examine ses maximes sur la liberté humaine. Il prétend démontrer que nous n'avons aucune espèce de domaine sur nos propres volontés, en affirmant que l'effet du pouvoir de vouloir ou de ne vouloir pas, seroit un effet sans cause. Affirmation denuée de preuve & qui renferme une énorme contradiction. Qui dit pouvoir de vouloir ou de ne pas vouloir, n'énonce-t'il pas la cause de l'une ou de l'autre de ces opérations de notre volonté ? Il seroit bien étonné si je lui soutenois que toute cause doit être rapportée à l'efficace d'une volonté.

Le vrai motif de son opposition au dogme de la liberté vous échapperoit peut-être, Monsieur. On ne s'aviseroit pas de le chercher dans la doctrine de Locke sur les idées, elle en est pourtant la vraie source. M. H***. ne peut reconnoître dans notre liberté une sensation transformée. Or il veut que toute opération de l'esprit ne soit qu'un déguisement, ou un rapport de sensations. Il ignore que notre volonté, quoique sentie, que l'amour du bien être est autre chose que le bien être, & que le désir d'être délivré de la douleur n'est pas la douleur, n'est pas l'effet de la cause qui imprime la douleur. Le sens intérieur de notre liberté diffère de toute espéce de sensation occasionnée par l'impression des objets faite sur les organes de nos sens. Ce sens est par lui-même rélatif à tous les ordres de bien dont nous sommes susceptibles en genre de perfection, de connoissances, ou de plaisirs physiques, comme parle l'Auteur. Ces genres de bien sont souvent en concurrence. Il s'agit très-souvent d'opter entre un plaisir physique, & l'occasion de soulager un malheureux, de s'exposer pour la patrie, &c. Combien de fois arrive-t'il que nous ne pouvons satisfaire en même-tems une curiosité louable, & dont l'objet nous est nécessaire, avec un vif attrait pour la volupté. Or nous voyons toujours le mal dans la préférence que nous donnons au plaisir sur un devoir, ou dans la préférence habituelle que nous donnons aux attraits sensuels sur la lumière, & sur la perfection de notre ame ; & cette manière de penser, commune à tous les hommes, ne peut être rapportée à aucune convention arbitraire ; les notions morales en découlent. Mais notre Auteur rejette ces idées si naturelles à l'homme ; il ne connoît d'autre bien que le plaisir, c'est-à-dire, que ces sensations agréables qui naissent nécessairement de certains jeux de nos nerfs, & dans ces sensations, effets de l'impression des objets sur nous, il comprend jusqu'aux actes de la volonté par lesquels nous craignons de perdre le plaisir. Est-il étonnant qu'il ne connoisse ni liberté ni principes moraux.

Dans le fait non-seulement nous aimons le plaisir, mais nous aimons aussi notre perfection; ou ce qui nous fait estimer de nous-mêmes, & des autres hommes; & quand l'orgueil ne nous tient pas dans une yvresse continuelle, nous nous trouvons toujours au dessous de l'idée de perfection : nous sçavons de plus, comme je l'ai déja observé, que nul dégré de plaisir ne nous rend ni meilleurs, ni plus estimables.

L'Auteur prétend que nous nous estimons nécessairement & par préférence à tous les autres hommes. Autre paradoxe démenti par l'expérience : car il s'en faut beaucoup que chacun trouve en soi-même des raisons nécessitantes de se croire parvenu au plus haut point de la perfection. Mais quoique son paradoxe soit insoutenable, il en résulte que l'Auteur en l'adoptant, diftingue l'amour de l'eftime, & qu'il contredit ce qu'il nous a enfeigné plus d'une fois, que c'eft toujours l'intérêt qui louë. Eft-ce donc par intérêt que nous fommes fi fenfiblement touchés, lorfque nous lifons quelques exemples de générofité des Romains & des Grécs qui ont vécu il y a deux mille ans. Et le plaifir que nous y trouvons ne naît-il pas de l'idée de perfection que nous y voyons ?

La queftion de la liberté n'eft point un problême de Métaphyfique, c'eft une queftion de fait décidée par le fens intérieur. Je fçai que je fuis actif dans mes vouloirs, par ce que je le fens, comme je fçai que je fuis paffif fous mes fenfations, encore par ce que je le fens. Quand on mettroit d'ailleurs la chofe en queftion; je ne demanderois pas, fi je puis être libre, mais fi je le fuis; fi vous me démontrez la poffibilité de la liberté, vous ne me prouvez pas que je fuis libre. Au contraire fi je fuis libre, la poffibilité de la liberté eft démontrée. Dans l'ordre Métaphyfique

taphyfique cette queftion fouffre de grandes difficultés ; j'en tombe d'accord. Mais de l'aveu même de l'Auteur nous nous croyons libres. Si cette croyance eft une erreur, elle eft néceffaire dans le fyftême de la fatalité : or, en raifonnant d'après ce fyftême, eft-il poffible que la même caufe qui nous néceffite dans toutes nos délibérations, Dieu, ou quelque autre principe, nous force en même-tems à nous juger exempts de toute néceffité ? En bonne Métaphyfique cela eft inconcevable.

Les difficultés tirées de nos abftractions nous embarraffent en ce point, comme celles qu'on oppofe à la certitude de l'exiftence des corps, mais elles ne conduifent qu'à un doute fpéculatif, & jamais à un doute pratique. Quelque chofe qu'on nous propofe de faire, nous fentons le pouvoir de le vouloir, ou de ne le vouloir pas, & que nous en ufons lorfque nous prenons un parti, ou lorfque nous refufons d'en prendre.

Jamais en allant demander une grace on

ne se servira de cette formule de compliment en abordant un Ministre; je viens voir si vous êtes nécessité, ou si je vous nécessiterai à m'accorder telle faveur. Ce compliment seroit un moyen assez sûr pour ne rien obtenir.

Sur la question de la liberté, M. H*** veut qu'on s'écrie, *ô altitudo* ! avec S. Paul. Quoi ! Lorsqu'il s'agit de décider si la ferme persuasion où je suis à mon réveil d'être le maître de moi-même, est vraie ou fausse, il faut me récrier : ô profondeur des mystères ! L'autorité de S. Paul ne seroit-elle pas-là bien placée ? L'Auteur reconnoît que la nécessité est incompatible avec toute espèce de Religion, & il pourroit dire de plus qu'elle est encore plus incompatible avec le Christianisme qui abhore toute idée de Fatalisme. D'où vient donc qu'il fait de cette nécessité la base de sa Morale ? La Foi n'est proposée qu'à des hommes libres. Si les Apôtres eussent dit aux Gentils : toutes vos volontés sont soumises à la nécessité la plus absoluë ; nous venons vous persuader de renoncer au culte des idoles ; dites, nous nécessiter à changer de culte, eussent répondu leurs Auditeurs, en éclatant de rire.

C'est précisément ce qu'on doit répondre à l'Auteur des discours de l'Esprit. Pour qui avez-vous écrit ? pour des hommes libres, qui pouvoient lire, ou ne pas lire votre Livre ; l'approuver ou le désapprouver ; ou bien avez-vous écrit pour des personnes dont toute la vie est un délire perpétuel ?

Votre Livre est-il une clef semblable à celle d'une pendule ? Avez-vous prétendu monter notre façon de penser, comme on monte une horloge. *Sans doute, doit-il répondre, mon Livre est l'effet du hazard & de la nécessité. Je n'ai pu m'abstenir de le composer, ni le faire autrement. J'ai nécessité de même tous ceux qui devoient contribuer à le rendre public : j'ai depuis été moi-même nécessité à demander la suppression de mon Privilège, les têtes étoient*

B ij

mal montées ; la sonnerie a été tout de travers. Je serai peut-être nécessité à désavouer mon Livre, à le juger détestable, à en faire des excuses au Public. Je ne connois qu'un petit endroit à Paris ou de pareilles excuses fussent de mise. Tant il est vrai que les déclamations contre la liberté, comme celles qu'on fait contre la certitude de l'existence des corps, ne font que de vraies pédenteries qui ne peuvent jamais influer dans le commerce de la vie civile.

Il en est, Monsieur, de notre Auteur, comme de tous les ennemis de la liberté de l'homme. Ils ont beau déclamer contre, ils ne laissent pas d'en reconnoître la réalité ; surtout, lorsqu'ils font attention à la diversité qui se trouve entre nos jugemens formés par l'évidence, & ceux que l'on fonde sur des probabilités, & sur des vraisemblances. L'évidence entraîne nécessairement notre consentement. Or sentir que les probabilités & les vraisemblances n'ont point cette force déterminante, c'est se sentir libre à leur égard; c'est sentir le pouvoir d'y déférer, ou de s'y refuser, ou de suspendre sa décision. Or ils sçavent que dans la plûpart des circonstances de la vie, nos actions roulent sur des probabilités, & notre Auteur l'avoue franchement.

» Il seroit impossible, " nous dit-il, » de
» s'en tenir à l'axiome de Descartes, &
» de n'acquiescer qu'à l'évidence. Si l'on
» répéte tous les jours cet axiome dans
» les Ecoles, c'est qu'il n'y est pas plei-
» nement entendu ; c'est que Descartes
» n'ayant point mis, si je peux m'expri-
» primer ainsi, *d'enseigne à l'hôtellerie de*
» *l'évidence*, chacun se croit en droit d'y
» loger son opinion. Quiconque ne se ren-
» droit qu'à l'évidence ne seroit guéres
» assuré que de sa propre existence. «

De l'Esp. p. 5.

C'est aller trop loin que de borner presque les effets de l'évidence à la certitude de notre existence, & ce n'est pas s'exprimer exactement que de rapporter cette certitude à l'évidence : car elle vient du sentiment, & point du tout de l'énergie d'aucun raisonnement. Un Auteur l'a très-bien observé en réduisant à sa juste valeur cet argument de Descartes : *Je pense : donc je suis* ; & en faisant voir qu'étant fondé sur la certitude de notre existence, cet argument ne pouvoit être le principe de cette même certitude. Mais décider qu'il est impossible de se borner à n'acquiescer qu'à l'évidence ; qu'à la démonstration dont la nature est d'entraîner nécessairement notre suffrage, c'est reconnoître l'exercice de notre liberté, & confesser de plus qu'il est très-fréquent : car lorsque nous embrassons avec la même fermeté, & de pures opinions, & des vérités démontrées, il faut nécessairement qu'à l'égard des premières notre volonté supplée de sa propre énergie, la sécurité & la fermeté de créance que l'évidence seule a droit de produire en nous.

Il y a trois partis à prendre sur les probabilités. Le *oüi*, le *non*, ou *ni oüi, ni non*, & le troisième parti est le doute, ou l'indifférence pour la question qui roule sur des probabilités. Les motifs de douter ne conduisent pas nécessairement au doute. Je prie instamment ceux qui se retranchent sur l'impossibilité où ils disent être de croire certaines choses; je les prie, dis-je, d'observer avec soin que dans tout ce que nous voulons nécessairement, nous n'avons qu'un parti à prendre; & que dans le cas des probabilités, il y en a trois; & qu'ainsi aucun des trois n'est nécessaire. Tant qu'ils veulent s'en tenir au doute il est évident qu'ils ne peuvent allier en même-tems avec leur indétermination obstinée, la créance de l'objet dont ils doutent, & voilà ce qu'ils appellent l'impossibilité de croire. Mais je leur soutiens que rien n'est difficile de ce qu'on fait simplement en le voulant. Or pour croire il ne faut que vouloir. Combien d'occasions dans la vie où l'on passe sur tous les motifs de douter pour embrasser très-fermement une opinion. Et c'est précisément cette fermeté de notre vouloir, pareille à celle que produit en nous l'évidence, que nous prenons souvent pour un effet de l'évidence : c'en est l'enseigne ; nous mettons l'enseigne partout où il nous plaît de nous loger. Et souvent il est nécessaire que nous nous conduisions ainsi.

J'apporterai en preuve le phénomène de notre ame le plus fréquent & le plus habituel, je veux dire la certitude de l'existence des corps, & du monde. Dans ce siécle on a poussé la raison à bout, en faisant un problême stérile & frivole de cette certitude. J'appelle ce problême stérile & frivole parce qu'il est dans l'ordre de ces questions interminables, sur lesquelles nos vieux Scolastiques s'échauffoient à pure perte. Car enfin quel est le but qu'on se propose en s'efforçant de prouver qu'il est douteux, si quelque chose existe hors de nous ? Est-ce de nous en faire douter effectivement ? Ce seroit certainement se flatter bien gratuitement. Il est donc très-inutile d'agiter la question; puisqu'on est assuré que le doute qu'on tenteroit d'introduire dans notre esprit n'y entrera jamais.

Cependant il est du bon air (& M. H*** s'y préte de tout son cœur) de soutenir avec feu qu'il n'est pas trop sûr que les objets que nous voyons existent réellement, il s'appuye (notre Auteur) sur les raisonnemens de Malebranche.

„ Quiconque ne se rendroit réellement „ qu'à l'évidence, " nous dit-il „ ne seroit „ guéres assuré que de sa propre existence. „ Comment le seroit-il par exemple de „ celle des corps ? Dieu par sa toute- „ puissance ne peut il faire sur nos sens „ les mêmes impressions qu'y exciteroit la „ présence des objets? Or, si Dieu le peut, „ comment assurer qu'il ne fait pas à cet „ égard usage de son pouvoir ? D'ailleurs si „ dans les rêves nous sommes affectés des „ mêmes sensations que nous éprouvons à „ la présence des objets, comment prou- „ ver que notre vie n'est pas un long rêve? „ Malebranche ajoutoit encore que la raison ne pouvoit nous garantir, que nous n'ayons

Ibid.

été livrés à quelque mauvaise puissance qui se joueroit de nous présentement, en punition de quelque crime que notre ame auroit commis mille ans avant qu'elle fût unie à un corps. Hipothèse aussi foible qu'elle est inutile à la question.

Ce Philosophe n'y avoit eu recours que pour repousser l'objection qu'on lui faisoit que Dieu ayant institué nos sens pour nous assurer de la réalité des objets, il seroit le principe de notre erreur, si ayant étudié les usages de nos sens, & les ayant éprouvé avec sagesse, nous nous trompions en déférant à leur témoignage. Or cette objection étoit très-facile à résoudre : car on y suppose visiblement ce qui est en question. Qu'elle est cette question ? C'est de sçavoir, si le Créateur a destiné nos sens à être exercés par la présence des corps ; ou indépendemment de leur présence. Dans le cas où Dieu traiteroit notre ame dans la veille comme il fait dans le sommeil, il auroit eu intention de nous affecter de telle ou de telle manière à l'occasion des images des corps, & non de nous faire juger que les objets repréſentés par ces images exiſtent dans la réalité au dehors de nous.

Il nous auroit ménagé des expériences propres à nous en faire douter. En nous les menageant effectivement, il ne prononce pas que nous devons paſſer outre, & il nous donne un moyen de nous aſſurer de quelque choſe de plus eſſentiel à ſcavoir pour nous, que n'eſt la réalité des corps, je veux dire de la différence eſſentielle de la ſubſtance qui ſe ſent exiſter en nous, ſans pouvoir douter de ſa réalité, d'avec tous les objets dont elle peut révoquer l'exiſtence en doute. Ainſi tous les motifs qu'il nous fournit d'héſiter ſur la vérité des corps ſont des précautions infiniment précieuſes à l'homme plus intéreſſé à ſe connoître lui-même, qu'à connoître ſon propre corps, & les objets dont il eſt environné.

Mais ſa ſageſſe ſuprême a encore pourvu aux inconvéniens que notre incertitude, à l'égard de la réalité de l'Univers, pourroit entraîner. Les motifs que nous aurions de suspendre notre jugement au sujet de l'existence des corps, non-seulement ne nous nécessitent pas à en douter, ils n'empêchent pas même que nous ne croyons aussi fermement l'existence de notre corps que celle de notre ame, quoique nous sentions qu'il nous est impossible de douter de notre propre existence, & qu'il est possible de douter de la réalité de notre corps. Or une croyance, laquelle, à la différence de l'évidence, n'est point ameneé par des raisons nécessitantes, qui n'est pas incompatible avec le pouvoir de douter, qui même subsiste avec ce pouvoir, n'est-elle pas une créance libre ? Ne prouve-t-elle pas contre notre Auteur la vérité de notre liberté ? Observez de plus, je vous prie, Monsieur, qu'il faut que nous nous sentions libres dans le tems qu'un objet particulier frappe les yeux & les oreilles, dans le tems qu'il nous touche, pour comprendre cet objet dans la ferme croyance de l'exiſtence de l'Univers.

Vous conviendrez ſans doute, Monſieur, que cette croyance commune à tous les hommes eſt libre dans chacun d'eux en particulier. Mais comment dans une queſtion douteuſe en elle-même, à l'égard de laquelle nous manquons d'élémens propres à former une démonſtration, la façon de penſer des hommes (parmi leſquels les opinions doivent peut-être ſe compter par le nombre des têtes, qui même à l'égard de cette queſtion ſont diviſés dans la ſpéculation,) comment, dis-je, la façon de penſer des hommes à cet égard eſt-elle univerſellement uniforme dans tous les ſiécles, dans tous les païs ? Quel eſt le principe de cette uniformité de ſentiment ? Voilà, Monſieur, la vraie queſtion qui doit nous intéreſſer. Quel eſt le principe de la certitude phyſique, comme l'appellent les Scholatiques ? Nos Philoſophes diront que c'eſt la nature. Pour vous, M. vous me répondrez que c'eſt l'Auteur même de la nature qui forme cette uniformité de sentiment en nous inspirant une ferme confiance au témoignage de nos sens, confiance libre néanmoins, puisqu'elle agit avec la possibilité de la défiance ; confiance qui par le double titre de son principe libre en nous, & de son principe divin agissant sur nous en conséquence des loix générales de l'union de l'ame & du corps, peut-être appellée une foi naturelle ; & ne peut-être rapportée à la foi chrétienne, comme l'a prétendu Malebranche. Une réflection sensée ne vous échappera pas, M. à cette occasion, sur la lourde méprise de nos Philosophes modernes. Dieu ne leur sert que pour bâtir les hypothèses chimériques dont ils ont besoin. Dans une énorme suite de volumes de nos Retheurs Philosophes à peine rencontre-t'on deux ou trois fois le nom de Dieu. Encore comment y figure t'il? Le bon observateur au contraire sent la nécessité de l'influence du Créateur dans tous les détails des Phénomènes : tous en derniére analyse le raménent au souverain Moteur.

M. H***. veut que cette foi naturelle, cette certitude pratique de l'existence des corps, résulte du balancement des probabilités pour ou contre. Comme si personne n'étoit assuré de la réalité de son corps, & de ceux dont il est environné, qu'après avoir fait le calcul de ces probabilités. Il convient pourtant que ce qu'il appelle probabilité de l'existence des corps est très-grande, & que dans la conduite, il veut dire dans la pratique, elle équivaut à l'évidence. Comment est-elle l'équivalant de la démonstration, si ce n'est par la fermeté de notre croyance ? A ce titre il la met à la tête des tables des certitudes physiques, métaphysiques, morales & politiques, dont il propose l'utile confection à quelque grand génie. Voilà encore les vues sublimes de nos Antousiastes. Mais il ne prend pas garde que, si nous jugions de l'existence des corps par la probabilité, nous la trouverions au pair. Car la question se réduit à sçavoir, si Dieu *a voulu*, comme l'Auteur s'exprime, faire sur nos sens les mêmes impressions qu'y exciteroit la présence des objets ; sans créer aucun objet, où s'il a voulu le contraire. Or l'égalité du pour & contre est-il, ce qu'on appelle la plus grande probabilité ? Il y a trente-cinq à parier contre un qu'en deux dez on n'amenera pas sonnez ; cette probabilité n'est-elle pas supérieure à celle où l'on n'a pas plus de raison de parier pour, que de parier contre ? Nos Modernes sont passionnés pour la construction des échelles, ou des chaînes.

Echelles des êtres, échelles des probabilités ; & ils n'en font aucune de sûre.

L'Auteur ne s'est lancé dans ses paralogismes, que parce qu'il soutient que nous sommes plus certains de notre propre existence que de celle des corps ; levons l'équivoque qui lui en impose. Qu'entend-il par certain ? Veut-il dire que nous croyons moins fermement l'existence de notre propre corps que l'existence ce de notre ame ? Je prends la liberté de lui nier le fait ; & j'ai une ferme confiance que tout homme qui se consultera lui-même, le niera tout aussi nettement que moi. Mais les raisons de croire l'existance de mon corps sont-elles égales au témoignage de mon sens intime ? Je conviens bonnement que non.

Jettez les yeux, je vous en supplie, M. sur le projet de ces tables si nécessaires de probabilité. C'est un coup d'œil amusant » l'existence des corps seroit pla- » cée dans les tables physiques comme » le premier dégré de certitude. On y » détermineroit ensuite ce qu'il y auroit » à parier que le soleil se levera demain » Eh bien, Monsieur que parieriez vous ? » » Dans les tables morales, on y place- » roit comme premier dégré de certitude » l'existence de Rome, ou de Londres ; » puis celle des Héros tels que César, ou » Guillaume le conquérant.

De l'Esprit pag. 6.

Y a-t'il donc du plus ou du moins dans la croyance de ces faits ? Qui a jamais calculé des probabilités pour s'assurer que César, & Guillaume le conquérant ont vécu ? Il faut avoir poussé plus loin les recherches philosophiques qu'on n'a fait jusqu'à présent ; pour démêler les principes de la certitude des faits.

Notre Auteur ne prend pas la route pour y parvenir. Pascal a ouvert le chemin ; mais l'Auteur n'a pas jugé à propros de le suivre. L'Abbé de Prades en suivant un autre guide, a fait quelques pas en avant ; mais il n'a pas dépassé son guide ; & celui-ci n'avoit pas beaucoup avancé, quoiqu'il ait mérité pour ses travaux des éloges de la part des Sçavans qui lui en sçavent gré, & de la reconnoissance de la part de l'Abbé de Prades, ou de ses commettans, & dont il a été frustré.

Voy. au mot certitude Dict. Encyc.

» L'on descendroit ainsi, continue
» M. H***, par l'échelle des probabilités
» jusqu'aux faits les moins certains, & en-
» fin jusqu'aux prétendus miracles de Ma-
» homet, jusqu'à ces prodiges attestés
» par tant d'Arabes » & qu'aucun Arabe

n'a dit, ni n'a écrit avoir vu, ou avoir appris de témoins oculaires » & dont la » fausseté cependant est encore très-pro- » bable ici-bas, où les menteurs sont si » communs & les prodiges si rares : „ ainsi l'échelle des degrés de certitude finit par la fausseté; & par une pointe épigramatique assez indécente.

L'Auteur ne distingue point, vous vous en apercevez, M. entre des faits sur lesquels les hommes ne se permettent pas le moindre doute, & d'autres au contraire par rapport auxquels ils sont divisés, & ne prennent de parti qu'en balançant des autorités pour & contre; pour parvenir à la certitude des premiers, non seulement on ne compte pas les suffrages, il faut sçavoir de plus qu'on ne pourroit pas les compter. A l'égard des autres il faut compter, & peser les probabilités. Il ignore encore que tel homme dont la probité est reconnue, & qui attestera un fait comme témoin oculaire, sera cru sans aucune difficulté de tous ceux dont il est

C ij

parfaitement connu. Non, il ne connoît point (dans la théorie) de loi éternelle qui oblige les hommes à ne se servir de l'admirable organe de la langue que pour se communiquer mutuellement la vérité. Il ne parle nulle part de la sincérité comme d'une vertu estimable, c'est cependant l'ame de la société; lui qui connoît si bien cette vertu dans le commerce, & je compte si fort sur sa sincérité, que, quoique les demi-mots, les allusions fines, les allégories employées à mauvais dessein contre la Religion par certains prétendus Philosophes soient les ornemens les plus répétés, & les plus diversifiés de son Livre; quoiqu'il me soit impossible de concilier sa morale avec sa foi; il dit qu'il est chrétien; & je le crois sur sa parole.

Parmi ces ornemens on peut compter l'épigrame par laquelle son projet d'échelle des probabilités est terminé. Combien les incrédules y trouvent-ils de sel? Cependant si c'étoit une allusion aux miracles du Christianisme; qu'elle seroit fade & peu séante ! Est-ce donc, parce que les menteurs sont si communs, & les prodiges si rares que nous ne croyons point les miracles de Mahomet ? Suffit il qu'un fait soit rare pour être incroyable ? Les merveilles d'Egypte étoient chacune unique dans son genre. Si certains événemens sont rares dans notre siécle, en conclud-on bien légitimement que jamais ils n'ont été communs ?

Vous vous serez sans doute apperçu, M. que les deux principes qui regnent dans les discours sur l'Esprit sont absolument incompatibles. L'un que toute Religion, tout objet de la vertu est arbitraire, & dépend de ce qu'il plaîra aux hommes d'une société d'appeller le bien public, soit que ce bien choisi n'eut que les apparences, soit qu'il eut une utilité réelle. N'est-ce pas donner aux hommes la liberté de se fixer à tel objet qu'il leur plaîra pour exercer leur vertu prétendue ? L'autre principe contradictoire avec le premier est que rien n'est arbitraire pour l'homme qui n'a jamais le pouvoir de vouloir autrement qu'il ne veut. Or quand on fait la base d'un Livre de deux maximes incompatibles, on doit aller sans fin dans la route des Paradoxes. Avoir démontré cette incompatibilité de principe, c'est avoir ruiné l'ouvrage de fond en comble.

Ainsi j'espére que vous me dispenserez, M. d'entrer dans de plus grands détails. J'imagine que j'aurai satisfait à vos vues en ajoutant un mot sur le stile de l'Auteur, & sur la maniére dont il traite ses sujets.

L'Auteur écrit comme Montagne eut écrit, si celui-ci eut été de notre tems; c'est-à-dire que M. H***. n'est pas toujours délicat sur le choix de l'expression. Il lui échappe des termes bas & proscrits dans le bel usage. Il n'employe pas comme Montagne des expressions obscènes, mais il peint le lascif, comme faisoient les Latins, ce que notre langue, plus réservée que nos mœurs ne nous permet pas encore. Comme Montagne il excuse tout, il dit tout. Parce qu'il ne croit pas que la pudeur soit d'institution naturelle, & qu'il n'en veut voir l'origine que dans des précautions raffinées pour aiguiser la volupté ; il ne la ménage nullement. Je n'oserois vous dire, tout ce qu'il se permet à cet égard. Mais j'avoue que nos ayeux auroient peint, comme lui, ce que la politesse permet à peine de donner à deviner ; ce qu'aujourd'hui on passeroit à peine à quelqu'Emule de la Fontaine, qui s'aviseroit de faire des Contes. Il prend de tems-en-tems ses Anecdotes dans de petits faits abandonnés au peuple depuis long-tems, telle est la permission de sortir par les Thuilleries accordée par un Suisse, à qui l'on avoit consigné de n'y laisser entrer personne, & il en fait des applications dans le grand qui ne plaisent pas à tout le monde. Tout cela ressemble assez aux licences de Montagne. Mais son stile est plus inégal que celui de son modéle, dont il n'a copié la naïveté qu'avec un pinceau dur & contraint. Quand il plaisante, on se représente un Philosophe qui rit ; & c'est de cette image que l'on rit. Son Livre à cause de l'inégalité du stile me parut d'abord l'ouvrage de cinq ou six mains : mais je me suis détrompé à la seconde lecture, en pensant que tel est toujours le stile de l'enthousiasme qui ne souffle que par bouffées intermittantes.

L'entousiasme de notre Auteur est une espéce de fanatisme Phylosophique tout à fait étranger à son caractére doux, tranquile, modeste & candide. Il instruit les Rois, les Ministres, les peuples, & il tance les Prêtres, mais du ton d'autorité d'un Prophète chargé d'une mission extraordinaire.

Il est surtout passionné, fort inutilement, je pense, pour la réforme du despotisme oriental, ne parle que de Législateurs Philosophes dépourvus de puissance législative, & que de législation ; se plaint de toutes celles qui sont établies, & ne fait entrevoir que des principes très-vagues, & très-extraordinaires pour ne rien dire de plus, & destinés cependant à donner un jour une forme parfaite au corps entier de l'humanité : car il se mêle aussi de prophétiser.

Une autre preuve bien sensible de l'enthousiasme de l'Auteur est son indisposition trop marquée contre les personnes mûres, & contre les lecteurs de sang froid, quoique ce soient les vrais appréciateurs du mérite des Livres. La longue expérience & le bon sens, sont pour lui ce que sont dans la Chymie ces ingrédiens qui font tomber tout-à-coup la fermentation. Ce désespoir de faire goûter sa doctrine à des hommes faits, de la part d'un Auteur qui connoît certainement le ton de Paris justifie la nation que vous croyez, Monsieur, absolument perdue par rapport aux mœurs, au raisonnement & à la Religion. » Le » prompt & l'immense débit de certains » Livres » me disiez-vous » prouve que la » seule chose qui vous restoit, c'est-à-di- » re le goût de la bonne Phylosophie, » est perdu sans retour chez vous. On ju-

» ge assez surement du caractére d'une
» nation par celui des Auteurs qui y bril-
» lent, & qui y emportent le suffrage gé-
» néral. Il ne vous manquoit plus pour
» fixer votre réputation dans toute l'Eu-
» rope que quelqu'Auteur prît sur lui le
» soin de faire un corps de tant de traits
» épars, qui sappent tout fondement de
» perfection, de justice, & de mœurs.
» Cette compilation est faite. Elle est
» prohibée, & le livre devient plus cher
» & plus recherché. Quel dommage !
» Quel dépérissement en moins d'un de-
» mi siécle. Sous le regne dernier vos Co-
» médiens étoient de vrais Philosophes,
» témoin, Moliére & Dominique; & l'on
» entendoit par Philosophes ceux qui don-
» noient & des exemples, & des précep-
» tes de mœurs; & qui se distinguoient
» par leurs connoissances sublimes. A pré-
» sent on ne parle plus que de Philoso-
» phes, & l'on ne voit plus de Philoso-
» phie. »

Je trouvai votre sortie un peu vive; &

je pris la liberté de vous faire obferver que fi nous jugions d'après la licence que vos Libraires fe donnent, de multiplier les éditions de nos mauvais Livres, on auroit droit de leur reprocher que par avidité pour le gain, ils empoifonnent toute l'Europe, & provignent par tout le mauvais goût de philofophie dont nous fommes foupçonnés ; qu'on y imprime même actuellement, fi l'on ne m'a pas trompé, le Livre dont vous vous plaignez fi amérement. Vous éludâtes ma récrimination, permettez-moi, M. de vous en faire reffouvenir; quoique je l'euffe appuyée plus fortement encore que je n'ofe vous le rappeller.

« Les poifons que nous vendons, répliquâtes-vous, ne font pas pour nous. Nos mœurs font toujours auffi pures & auffi fimples. Avec moins d'autorité, la Religion s'y foutient mieux. D'ailleurs, qui lit le mauvais parmi nous lit auffi le bon. Il en eft de même chez les Anglois. Ils impriment tou-

» te sorte de livres, & chacun les veut
» voir. Si la licence d'écrire tout ce
» qu'on pense est sans bornes chez eux,
» la liberté de réfuter y est entiére. Un
» parti ne néglige jamais d'examiner
» scrupuleusement ce que produit l'au-
» tre. Du choc des opinions sort la lu-
» mière qui éclaire les plus sages, & les
» fait revenir de bonne foi des opinions
» dont ils s'étoient préoccupés. Mais dès
» que le François s'est coëffé d'une opi-
» nion, ou s'est prévenu en faveur de
» quelqu'Ecrivain, il méprise tout ce
» qu'on écrit contre, & ne lit que les
» ouvrages qui le confirment dans ses
» préjugés. Vos livres pour la défense
» de la religion ne sont point lus par
» ceux pour qui ils sont faits, & ne sont
» feuilletés que par ceux qui n'en ont
» pas besoin. Et vos prétendus Philoso-
» phes se font une espèce de foi de leur
» incrédulité, & obtiennent une auto-
» rité despotique sur tous ceux qui ont
» le malheur de les goûter. » Je ne sçûs

trop que répondre à ce second reproche. Mais vous sentîtes aussi, Monsieur, que vous écartiez le mien, & que vous ne le refutiez pas.

Quant au goût de la Nation pour la philosophie du jour, je vous assure, M. que ce n'étoit qu'une fiévre éphémère. Il n'a fallu qu'un peu de sirop de limon pour la guérir radicalement à Paris. Vous devinez que je parle d'une ingénieuse plaisanterie que vous avez lue, & qui vous a plu comme à tout le monde. Quand le François rit, il est guéri de tous ses maux. Histoire des Cacouas.

Vous voyez, Monsieur, une bonne preuve de l'espérance de notre guérison dans l'indisposition de notre Auteur contre le suffrage de tout homme fait, de tout homme sensé; il ne juge pas de tels lecteurs dignes des instructions qu'il adresse à l'Univers. Rébuté par le peu de justice qu'il prétend que les personnes qui ont quelque jugement, ont rendu à ses amis, qui sont ses Maîtres, sans doute, il n'aspire qu'au suffrage de la jeunesse, comme plus susceptible du fanatisme qui le domine. Seule elle est capable de prendre sérieusement la doctrine de son livre, & de se passionner pour ces productions brillantes si communes parmi nous, qu'on dévore avec plaisir, sans y rien comprendre, & sans y rien retenir. Oh ! Quelle génération on prépare au siécle futur ?

Au simple titre du Livre de M. H ***. on ne sçait s'il ne nous fait point cette promesse. *Voici de l'Esprit*, où s'il nous veut apprendre ce que c'est que l'Esprit; auroit-il été flatté de l'équivoque ? Quand on l'a lû attentivement, on sçait encore moins son objet précis : car il semble que son dessein est de trouver une morale détachée de toute relation avec le Créateur. Mais on voit dans plusieurs endroits de son Livre que s'il ne s'est promis que de *faire de l'esprit*, comme on dit dans les conversations du bon ton, il n'y a pas mal réussi. Le début de l'ouvrage annonce qu'il doit nous délivrer de l'ignorance univerfelle, où nous fommes fur ce qu'on doit appeller l'Efprit. » Chacun dit fon mot perfonne » dit-il » n'attache les menues idées à ce » mot, & tout le monde parle fans s'en- » tendre « quoiqu'il nous laiffe dans notre ignorance craffe à cet égard, tout le monde s'entendra parfaitement en difant de lui d'une commune voix qu'il a beaucoup d'efprit.

Au refte il a déja demandé la fuppreffion de fon Livre avec les plus grandes inftances; & il n'a pas eu de peine à l'obtenir. Le cri public l'a réveillé & a éteint tout-à-coup le feu de l'entoufiafme. A fon réveil il n'eft refté de lui, que ce qu'il eft par lui-même, lorfqu'il eft dégagé de toutes les impreffions étrangères; c'eft-à-dire qu'il n'eft refté que le bon Citoyen. Il voit maintenant que ce qu'il apelle fes amis, titre fort maigre dans fon efprit, prévenu par l'homme du monde qui a été le plus aimé & qui a aimé le moins; il voit, dis-je, que fes amis lui donnoient un bon avis, en lui conseillant de ne pas publier son Livre. Je suis assuré de ce fait. Mais j'ignore si l'on appuyoit ce conseil sur la fausseté des principes du Livre, ou sur des considérations d'un autre genre. Mais dans le tems de son yvresse il étoit inabordable du côté des conseils, contre lesquels il déclame dans son Livre aussi-bien que contre l'amitié; lui qui avant de prétendre au titre sublime d'Auteur, avoit été le modèle d'un ami sincère & généreux; & qui le sera toujours dans la pratique. Heureuse inconséquence! Si l'amitié n'est qu'une chimère, qu'on la laisse aux hommes. Ce seroit l'erreur la plus précieuse & la plus utile à laquelle ils pussent se prêter.

Quelle Lettre, M. j'aurois pû la partager en Chapitres, comme l'Auteur a divisé ses Discours. Je comptois ne vous écrire que deux mots; mais je me suis imaginé converser avec vous; & le tems a dû me paroître court. Les vues générales

générales que j'ai l'honneur de vous communiquer, suffisent pour vous donner une idée de ce que je pense de ce Livre nouveau. Et c'est ce que vous exigiez de moi. Recevez, s'il vous plaît, ce peu de réflexions, comme une preuve du respect, &c.

Ce premier Août 1758.

LETTRE SECONDE.

On tâche de justifier M. H***. du soupçon de tourner en ridicule la Religion chrétienne lorsqu'il se moque des fausses Religions.

NOn certainement, M. je ne vous soupçonne point de Déisme ni de Théisme, non plus que vos collégues en Holande, & j'aurois bien de la peine à croire que nos Patriarches de l'incrédulité fussent fondés dans les espérances qu'ils ont conçues, de commencer la grande réforme de l'Univers par certaines Eglises Protes-

I. Partie.   D

tantes dont les Ministres leur sont déja dévoués. Je sçai que vous êtes trop sçavant pour pouvoir douter de la vérité de la Religion chrétienne, & pour penser qu'il y ait le moindre fondement à comparer la maniére dont le Christianisme a été établi, & les moyens par lesquels le Mahométisme & les religions des Indes se sont répandus. Ce n'est donc pas par ménagement pour votre façon de penser que j'ai été si succint en relevant les fréquentes allusions que M. H***. paroît faire des fausses religions à la véritable.

Vous me dites, Monsieur, que ces sortes d'allusions » fines, & qui laissent au » lecteur le mérite de l'application, sont » très propres à étendre l'incrédulité. « J'en tombe d'accord. Vous ajoutez que, c'est pure plaisanterie de ma part, quand je suppose que M. H***. n'a pas eu la vue criminelle de tourner en ridicule la Religion chrétienne. Vous allez juger, M. si je fais usage de l'ironie.

M. H***. est honnête homme. Tout le

monde en convient. Il fait profession du christianisme, dans son Livre même: il doit donc être cru sur sa parole. S'il feint d'être chrétien, c'est un imposteur & un lâche:& de plus un mal-adroit. Un imposteur, puisqu'il ment à toute la terre; un lâche qui n'ose soutenir ce qu'il croit vrai, aux dépends de sa fortune & de sa liberté: un mal-adroit puisqu'il voileroit mal son imposture, & qu'il s'exposeroit aux mêmes inconvéniens qu'il voudroit éviter. Or il m'est impossible de donner toutes ces qualifications à une personne que je crois remplie de probité. Si son intention étoit mauvaise, elle seroit déguisée avec plus d'art; mais s'il écrit dans la chaleur de l'enthousiasme; il ne pensera pas aux allusions qu'il donnera lieu de faire à son lecteur. Or c'est un fait, qu'il est possédé du fanatisme philosophique, & ce fait le disculpe dans mon esprit. Si j'ai un seul moyen de justifier un honnête homme, je me crois obligé de m'en saisir, pour le deffendre. L'indécence même du paralléle de la

D ij

fondation du Christianisme est trop révoltante, pour que l'on puisse en accuser un homme de beaucoup d'esprit. Si l'incrédule peut badiner sur le fond des mystéres de la révélation, il ne trouve pas où placer la plaisanterie dans la maniére dont la révélation a été adoptée par le monde entier, ni la moindre comparaison à faire, entre l'établissement du Christianisme & celui des autres Religions. Puisqu'il est nécessaire, pour l'usage que vous voulez faire de ma lettre, que je fasse voir l'indécence de ces injustes paralleles, je choisirai la Religion de Mahomet, parce que ses commencemens & ses progrès sont tout aussi connus que la maniére dont les Chrétiens se sont multipliés. Au lieu que l'origine des Religions Indiennes est si obscure dans l'histoire, qu'on ne sçait pas même si le Dieu Fo & leurs autres divinités ont jamais existé.

Quels sont donc ces miracles de Mahomet dont on ne peut, si l'on en croit l'Auteur, montrer la fausseté qu'en se jettant

dans des généralités vagues » pour con-
» firmer la mission du Prophète, ses Dis-
» ciples ajoutent que monté sur l'al-bo-
» rak, il a parcouru les sept cieux, vu l'An-
» ge de la mort, & le coq blanc, qui les
» pieds posés sur le premier ciel, cache
» sa tête dans le septième, que Mahomet
» a fendu la Lune en deux, a fait jaillir
» des fontaines de ses doigts, qu'il a don-
» né la parole aux brutes, qu'il s'est fait
» suivre par les forêts, saluer par les mon-
» tagnes : qu'il rassasia 30 mille hommes
» avec le foye d'une brebis, & qu'il a fait
» parler des épaules de mouton roties. «
Vrais songes épyleptiques, que Mahomet
prit probablement pour des réalités par
une suite de la foiblesse dont son cerveau
étoit affecté à la suite de ses accès. Etant
persuadé lui-même de ces rêveries l'enthousiasme du fanatisme n'en fut que plus
puissant chez lui, & que plus contagieux
à l'égard de ses Auditeurs.

Mais quel menteur, (espéce d'hommes
aussi commune dans ces tems là qu'elle

l'eſt dans le nôtre,) a certifié qu'il avoit vu ces prodiges énormes, ou qu'il les a entendu atteſter par des perſonnes d'une probité reconnue, & qui ſe donnoient pour témoins oculaires ? & l'on compareroit de prétendues merveilles dont aucun impoſteur n'a oſé ſe dire le témoin avec les prodiges des témoins de la reſurrection du Sauveur, qui ont ſcelé leur témoignage de leur ſang, & ont converti le monde entier du culte des idoles à celui du vrai Dieu. M. H***. n'eſt point capable d'une pareille mépriſe.

On oppoſe encore la propagation prodigieuſe du Mahométiſme, à celle du Chriſtianiſme. On veut découvrir dans l'une & dans l'autre le même genre de merveilleux. Mahomet, nous fait-on entendre a aſſuré ſes Diſciples qu'ils feroient des conquêtes immenſes, il en a fait d'étonnantes lui-même, ſes Diſciples les ont pouſſé plus loin ; & ſa Religion s'eſt encore étendue beaucoup au-delà des limites de leurs conquêtes. Ces ſuccès prodigieux ne tiennent-ils pas à la prophétie; comme la conversion du monde par les Juifs? Je demande à mon tour où ce succès a été prophétisé.

Mahomet a fait des conquêtes à la tête d'une multitude de Fanatiques bien armés & biens conduits. Nul autre prodige que ceux de la valeur, de l'intrépidité, de la terreur inspirée aux ennemis ne l'ont fait conquérant, non plus que ses Disciples, & la propagation de sa Religion au-delà des terres envahies par les Mulsumans n'est plus une merveille, quand on sçait que cette Religion donne un libre cours aux passions les plus chéres à l'homme, & qu'elle promet pour récompense dans l'autre vie la continuation des courts accès d'épilepsie, comme les appelle un des ennemis du Christianisme, destinés par le Créateur à affectionner à la multiplication de l'espéce, & sans autre destination dans le ciel de Mahomet que d'aliéner la raison pour la récompenser. Oh ! que les Houris feroient de conquêtes dans notre siécle.

D iv

Et quels hommes Mahomet a-t'il imbus de sa doctrine ? Des Philosophes ? Des Sçavans ? Au moins des hommes instruits ? Non des ignorans comme lui, & qu'il affectionna à une ignorance si brutale qu'un de ses successeurs crut rendre un service à Dieu, en faisant servir la fameuse Bibliotéque d'Alexandrie à chauffer pendant plusieurs mois les bains de cette grande ville. Perte irréparable pour la Chronologie, pour l'Histoire, & pour la Religion chrétienne en particulier.

Faisons à présent le parallele des moyens employés aux progrès du Christianisme, & de ceux qui ont favorisé le Mahométisme. Les Juifs nos ennemis sont les gardiens & les dépositaires des titres des Chrétiens. Ils les portent partout jusqu'aux Indes, à la Chine, au fond de la Tartarie, en Affrique. Ce sont des Livres sacrés pour eux comme pour nous. Or ces Livres annoncent qu'il doit sortir de la Nation des Juifs des hommes qui détruiront l'idolâtrie, & lui substitueront partout le culte du Dieu de Jacob. L'événement a vérifié la prophétie. Il est de plus annoncé dans les mêmes Livres que les Juifs doivent être dispersés, ne faire plus un corps de Nation : toujours mêlés parmi les autres peuples, toujours distingués d'eux par leur Religion, nulle part Citoyens, sans Rois, sans Prêtres, sans Sacrifice ; & dans l'impossibilité de remplir le culte prescrit par leur Loi. Dès le commencement du cinquième siécle l'accomplissement de cette prophétie étoit une preuve invincible du Christianisme. Treize siécles de plus non-seulement n'en diminuent pas l'énergie ; ils ne font que l'augmenter, & elle augmentera en raison de l'écoulement des siécles. Dans de certains tems les Chrétiens ont fait tout ce qui étoit au pouvoir de la haine la plus furieuse, & la moins bien entendue pour détruire l'effet de cette prophétie ; & par des motifs tout opposés nos voisins ont tenté d'incorporer les Juifs & d'en faire des Citoyens. La conversion du monde par la prédication des Juifs a donc un caractère de divinité dans l'accomplissement de ces prophéties, qu'on ne peut supposer avoir été fabriquées par les parties intéressées ; au lieu que les succès de Mahomet, viennent de lui & de ses Disciples, & n'annoncent rien de supérieur aux forces humaines : première différence qui ne permet pas de confondre sans indécence les progrès de l'Évangile avec ceux du Mahométisme.

Les ouvriers Evangéliques prêchoient & écrivoient qu'en témoignage de la divinité de leur Mission, ils avoient le don de faire les plus grands miracles. On voit clairement dans les quatre Evangélistes que leur maître ne promettoit à ses Disciples dans cette vie que l'ignominie, la pauvreté, les persécutions, les tortures, des genres de morts cruelles ; mais qu'il leur donnoit une pleine puissance sur la nature. Gagne-t'on des témoins en ne leur promettant que des misères, pour prix de leur fausse déposition ; & en leur proposant un dédommagement dont on est sûr qu'ils sentiront la dupperie dès qu'ils voudront en faire usage pour confirmer leur témoignage. Dans leurs Epitres qui étoient déjà répandues dans tout le monde, les Apôtres rappellent en cent occasions aux Fidèles, les prodiges & les merveilles par lesquelles ceux-ci ont été appellés à la Foi. Ce sont des faits qu'on n'a pas besoin de prouver. Le maitre a-t'il tenu parole à ses Disciples ; le don des miracles s'est-il perpétué durant plus de trois siècles ; & ces miracles ont-ils été opérés publiquement, & non en secret ? Il n'est pas merveilleux que le monde ait été converti. Le maitre a-t'il trompé ses Disciples, se sont-ils convaincus de leur impuissance à forcer la nature de leur soumettre ses propres loix ; les a-t-on dispensés durant trois siècles de faire preuve aux yeux de ceux qu'ils vouloient assujettir, de la légitimité & de la divinité de leur autorité ; & le monde entier a-t'il tenu cette autorité pour divine? J'ose soutenir que cette hypothèse est plus incroyable que les plus grands miracles, qu'elle seroit elle-même le plus grand des prodiges. Et l'on s'en convaincra si l'on veut réünir sous un coup d'œil plusieurs circonstances de la conversion du monde.

Est-il croyable que des hommes à qui leur maître avoit promis un empire absolu sur la nature, après qu'il se seroit ressuscité des morts, en ne leur annonçant que des maux pour cette vie, se soient vûs trompés & qu'ils ayent souffert des tourmens & la mort même pour confirmer la divinité d'un maître qu'ils sçavoient un imposteur, & qu'ils ayent poussé cet espéce de fanatisme au point de souffrir avec joye, dans l'espérance qu'il leur tiendroit parole dans l'autre vie, après leur avoir manqué si cruellement dans celle-ci ? Ce sont donc des duppes qui sentent qu'ils le sont; qui contre leur intérêt personnel, ce mobile si efficace, selon notre Auteur, se livrent à l'ignominie, au supplice, à la mort en témoignage de la fausseté dont ils sont les victimes. On a vû des Martyrs de l'erreur, mais ils la prenoient pour la vérité ; & ils ne croyoient pas être trompés.

Est-il croyable que ces premiéres duppes ayent osé annoncer qu'ils avoient le don des miracles, contre la réclamation de leur conscience, & dans la certitude de passer pour des imposteurs, en réveillant la curiosité de leurs Auditeurs sur un article qui la touche le plus sensiblement ? Est-il croyable qu'en même-tems cette curiosité soit restée dans l'inaction, & que les Payens en grand nombre ayent déféré à la prédication de ces fourbes sans exiger des preuves, au-dessus de tout soupçon, de cette vertu divine, qui devoit constater l'autorité de ceux qui les sollicitoient ; qu'enfin cette multitude se soit dévouée de guayté de cœur à la mort pour se faire chrétiens. Je dis cette multitude. Au tems de Néron il y avoit assez de Chrétiens à Rome pour y donner un spectacle barbare. On enduisit les Chrétiens de poix & de résine pour la double fin de leur faire éprouver le tourment du feu, & de les faire servir de torches gémissantes qui éclairassent cette grande ville, & fissent jouir ses Citoyens pendant la nuit d'une nouveauté aussi inhumaine : c'est Tacite qui rapporte ce fait.

Est-il croyable que cette imposture à laquelle on ne se prêtoit qu'aux plus grands risques ait persévéré durant plus de trois siécles, en prenant toujours de nouveaux accroissemens. Car le sang des chrétiens étoit de la plus grande fécondité. On diminuoit le fond des sujets de l'Empire par le nombre de ces innocentes victimes qu'on immoloit, & la multitude des Chrétiens croissoit au-delà de toute proportion.

Est-il croyable que les Magistrats Romains, si intéressés à justifier la sévérité des Edits des Empereurs, dont les payens les plus sages avoient horreur, & à se purger eux mêmes du soupçon de férocité dans la maniére cruellement étudiée dont ils exécutoient ces Edits, ayent négligé par tout & dans tous les tems les moyens de convaincre les chrétiens d'imposture ? Pourquoi ne faisoient-ils pas des informations pour démontrer authentiquement la fourberie de ces hommes, qui se disoient les envoyés de Dieu, & munis d'un pouvoir souverain sur la nature, & qui cependant n'avoient jamais donné de preuves décisives de cette vertu divine ? Dans la supposition que les chrétiens fussent des fourbes, les Magistrats en poussant leurs recheches n'auroient trouvé que des témoins qui avoient ouï dire, point de témoins oculaires, beaucoup de guérisons vantées, point d'hommes guéris. Or il suffisoit que les informations se réduisissent à des oui dire, pour convaincre d'imposture les ouvriers Evangéliques. Etoit-il fort difficile à des Magistrats qui avoient tout pouvoir en main de tenter utilement cette voie pour arrêter les progrès de la séduction prétendue ? Tertullien leur indiquoit à haute voix ce moyen si sûr & si facile, & avec ce feu qui lui étoit particulier, &

qui étoit propre à pousser à bout la patience des ennemis du nom chrétien » vous » ne nous connoissez d'autre crime, leur » disoit-il, que le nom de Chrétien. Pour » nous absoudre, vous exigez simplement de nous que nous nous rendions » coupables d'un mensonge, en prononçant des lévres que nous ne croyons » pas en Jesus-Christ : pourquoi tentez-» vous de faire de nous des menteurs ? » Prouvez que nous sommes des imposteurs ; & que les merveilles par lesquelles nous nous dirons autorisés au » nom de Dieu à enseigner l'Univers sont » malicieusement supposées, & notre » Religion est détruite. « La haine envénimée des Magistrats Romains contre les Chrétiens, ne leur eut pas permis de négliger cette voie, si elle eût été praticable.

Est-il croyable que dans la fausse supposition d'imposture de la part des Chrétiens, les Magistrats n'ayent pas contraint ceux qu'ils avoient rendus Apostats à force ce de tourmens, de confesser qu'ils avoient cru légérement & sur des récits vagues de miracles dont ils avoient négligé d'approfondir la vérité. Ces Apostats furent en grand nombre du tems de Saint Cyprien. Les déserteurs d'un parti en deviennent les ennemis les plus ardents & les plus implacables sur tout quand ils se convainquent que des fourbes ont abusé de leur bonne foi. Mais on n'abandonne que des lévres les vérités dont on est persuadé. Aussi la plûpart de ces transfuges gémissoient de leur lâcheté, venoient demander la pénitence publique, se soumettoient à de rudes épreuves dont la longueur & l'austérité équivaloient aux supplices qu'ils 'avoient évités. Et pour quel bien ? Pour racheter le droit de s'exposer à de nouvelles ignominies & à de nouvelles persécutions de la part des païens. Quelle politique (est-elle vraisemblable de la part des Evêques qu'on suppose des imposteurs) de mettre à si haut prix la foiblesse qu'on auroit eu de désirer de se réunir à eux ? Il y eut toujours un nombre de déserteurs que la sévérité de la discipline Ecclésiastique effrayoit tout auſſi vivement qu'ils l'avoient été à la vue des tortures qui les avoit fait tomber. Quels reproches n'auroient-ils pas pu faire aux Evêques qui les rébutoient, s'ils avoient été séduits ou trompés lorsqu'ils avoient été engagés dans le Christianisme. Qu'elles ressources les Magistrats ne pouvoient-ils pas tirer de ces traîtres piqués, & irrités contre leur parti ?

Est-il croyable que l'Empereur Julien, celui de tous les Persécuteurs du Christianisme, qui fut en même-tems le plus doux, & le plus dangereux, comme le plus ingénieux, n'ait pas fait valoir contre les Chrétiens le double pouvoir qu'il avoit en main de publier impunément la vérité ou le mensonge ? Il avoit l'intérêt le plus vif de couvrir la lâcheté avec laquelle il avoit feint d'être Chrétien, & Chrétien dévôt, pour faire sa cour à Constance, & se frayer la route à l'Empire. Il se disculpoit en s'avouant la duppe de prodiges supposés qu'on disoit s'être opérés aux tombeaux des Martyrs, & par un grand nombre d'Evêques, de Prêtres & de Laïcs. N'étoit-il pas naturel qu'il feignit d'en avoir découvert la fausseté, & qu'il usât de tout son pouvoir pour se ménager même de faux témoins, parmi ceux qu'il avoit emmenés à son parti ? S'il eût réellement découvert l'imposture, ne devoit-il pas à son autorité le soin de dévoiler les imposteurs ? J'interroge le cœur du premier venu parmi nos contemporains (qui se croyent Philosophes, parce qu'ils n'ont point de religion) se seroit-il manqué à lui-même, s'il eut été à la place de cet Empereur ? Julien n'osa néanmoins prendre ni l'un ni l'autre de ces moyens de décrier ceux qu'il haïssoit encore plus qu'il n'affectoit de les mépriser, c'est-à dire ni la voye des informations, ni celle du faux témoignage. Il tenta seulement de rendre les Chrétiens ridicules. Mais il s'y méprit. Le public étoit Chrétien, & déja le nom de Payen ou de Païsan étoit le titre odieux par lequel on désignoit les idolâtres. La conversion de Constantin n'avoit pas été l'époque de la conversion de l'Empire. Le monde ne se fit pas Chrétien par une révolution subite. On ne vit point, (comme sous Clovis dans les Gaules) une foule de soldats, de citoyens, de courtisants, demander à se faire instruire, & à être initiés dans la Religion, après l'Edit de Constantin. L'Empire étoit dès-lors ou Chrétien ou Cathécumène, il étoit instruit, & ne parut recevoir que la liberté de déclarer hautement ce qu'il étoit déja.

Enfin est-il croyable que les Prédicateurs Evangéliques ayent soutenu leur prétention d'être délégués de la part du Très-haut, avec le pouvoir d'opérer les plus grands miracles, par des tours de passe-passe en soudoyant des gens pour faire les estropiés, les malades, pour feindre d'être morts, pour guérir ensuite, par l'efficace de la parole, des maux qu'ils n'avoient point, & que ce manége ait été continué pendant plus de trois siécles, sans qu'il ait été découvert ; sans qu'aucun des imposteurs gagés ait confessé sa fourberie, dans les tortures, dans les supplices, à la mort ; sans que ceux qui succomboient à la vue de la préparation des supplices, ou après avoir été tourmentés, ayent jamais révélé le mystère d'iniquité ; quoique méprisés, & rebutés par le parti qu'ils avoient abandonnés. Est-il croyable que l'Univers ait été le jouet d'une imposture ourdie & soutenue durant trois siécles, par une infinité de complices mis aux derniéres épreuves & dans toutes les parties de l'Empire ?

Pour sçavoir à quel dégré de probabilité, dans l'échelle de notre Auteur, il faut ranger l'une & l'autre supposition, la première que le monde ait été converti par des gens, qui se donnoient pour faiseurs de miracles, & qui n'en opéroient aucun, pour prouver que leur mission étoit divine : la seconde que l'Univers a été persuadé par une chaîne de faux prodiges dont la supposition n'a jamais été découverte durant trois siécles d'épreuve ; transportons la scène à Paris, & plaçons-y des imposteurs le plus avantageusement qu'il est possible, qu'ils y enseignent une doctrine qui flatte le goût de la plus part des hommes. Qu'ils viennent y annoncer publiquement qu'ils ont reçu de Dieu le don de faire des miracles, pour les autoriser à promettre aux hommes qu'en s'abstenant du vin ils s'assureront d'éternelles délices avec les Houris de Mahomet. Est-il probable que tout Paris croye ces hommes envoyés de Dieu, sans avoir vu ces miracles bien vérifiés, ou que tout Paris soit trompé par des guérisons feintes, en supposant que les Magistrats éclairassent la conduite de ces Prédicateurs, qu'ils fissent des informations, qu'ils éprouvassent ces faux Thaumaturges, & leurs faux miraculés par des tortures longues, & ingénieusement cruelles. Combien y auroit-il à parier que l'imposture se soutenant, & les épreuves de cette imposture étant continuées pendant dix-ans, tout Paris avec toute l'Europe seroit enfin persuadé de la vérité de la miſſion divine de ces impoſteurs.

Un impie écrivoit, il y a quelques années, qu'on auroit beau réſuſciter un mort à ſes yeux, il ne perſiſteroit pas moins dans ſon incrédultité : c'eſt un brave comme vous voyez, M. mais il n'a pas été mis à l'épreuve. Je lui ſoutiens qu'il mentoit à lui-même, & au public ; une telle impudence ne mérite pas qu'on ménage les termes. Il eut le front d'ajouter que les Apôtres n'auroient pas eu beau jeu, s'ils ſe fuſſent préſentés à Paris, le monde étant comme il eſt ; ils n'euſſent pas été expoſés au martyre, mais il ſe ſeroit mocqué d'eux. Je ne rapporte que le ſens du diſcours de cet Auteur attrabilaire, parce que je n'ai pas ſon Livre ſous les yeux. Nous lui prouverons dans peu que Paris, tout perverti qu'il le ſuppoſe, ne peut-être comparé à Rome pour l'oppoſition à la ſévérité de l'Evangile ; & que la Métropole du monde étoit très-portée à tourner le Chriſtianiſme en ridicule, comme elle a fait pendant long-tems.

Mais ici je n'ai qu'une obſervation à faire pour mettre au plus grand jour l'abſurdité de ſa prétention. C'eſt donc ſelon lui une très-grande merveille, que Rome avec tout l'Empire ait été convertie au Chriſtianiſme, même en ſuppoſant que les Apôtres & leurs Diſciples ont fait des miracles ſurprenans durant trois ſiécles. Qu'il calcule, je l'en prie; combien cet autre prodige dans un ordre oppoſé ſeroit plus merveilleux, ſi le monde eut ajoûté foi à des Prédicateurs d'une doctrine très-gênante, & très-oppoſée au goût dominant des nations, qui s'annonçoient publiquement pour des Thaumaturges, ſans y avoir été contraint par une multitude de prodiges avérés: ou s'il eut été ſéduit par des impoſteurs mis à l'épreuve, tourmentés, ſuppliciés pendant trois ſiécles, ſans qu'on eut pu les convaincre d'impoſture, durant une ſi longue ſuite d'années, & qu'il nous diſe, ſi dans le fait inconteſtable de la converſion du monde au Chriſtianiſme, il y a plus à parier pour un mensonge que pour un miracle, pour me servir de l'Epigrame de M. H***. (p. 58.)

Il nous suffit, Monsieur, qu'un fait ancien déposé dans les archives de la Chine, soit tenu pour certain par les lettrés Chinois, pour que nous le regardions nous-mêmes comme incontestable. Le témoignage de la Nation équivaut en ce cas au témoignage de tous les hommes, que nous ne sçaurions supposer avoir conspiré à nous tromper. Cette maxime avancée par l'Abbé de Prades est la pratique invariable de tous les hommes.

Il ne s'agit pas de sçavoir quel en est le principe, nous avons ignoré long-tems celui de la certitude de l'existence des corps, & cette certitude n'a jamais souffert de cette igorance : On ne sçait pas trop encore ce que c'est qu'une idée, nous nous servons néanmoins utilement & sûrement des idées. Mais ce n'est pas une seule nation comme représentant le corps de l'humanité, c'est le corps même de l'humanité qui a été persuadé au commencement du quatrième siécle de la vérité de la miſſion des Apôtres ; ce n'eſt pas ſur le témoignage des repréſentans du monde c'eſt ſur celui du monde même , du concours de toutes les nations que nous croyons cette grande révolution. Que l'on réuniſſe toutes les circonſtances incroyables que renferme la ſuppoſition que le monde ait été la duppe , d'autres duppes , ou d'hommes impoſteurs ; on verra qu'il eſt impoſſible de croire que le monde ſoit devenu Chrétien , à moins qu'il n'ait été entraîné par une multitude de prodiges , & qu'au contraire il eſt très-vraiſemblable que le Mahométiſme ait été répandu par des hommes puiſſants , violens , & qui poſſédoient ſupérieurement , pour leur tems , l'art militaire , ſans qu'on ſoit obligé de penſer qu'ils n'ont pû réuſſir que par un grand nombre de prodiges réunis, vrais ou ſuppoſés en leur faveur. Mahomet n'a point promis à ſes Diſciples qu'ils feroient de grands miracles ; & ils ne ſe ſont jamais donnés pour des Thamaturges; les supplices & l'exclavage d'une part, de l'autre les faveurs & la liberté ont été les seuls ressorts qu'ils ont fait jouer pour multiplier le nombre de leurs sectateurs. Il ne faut point de miracles pour réussir par de telles voyes. Quant aux prodiges de Mahomet lui-même, je me persuade qu'on ne demandera pas des preuves de ses courses sur l'al-borak, de sa visite à l'Ange de la mort, & au Coq blanc, de la violence qu'il exerça sur la Lune.

A l'égard de ces faits qu'on ne sçait que sur les récits de ce Conquérant, on ne prétendra pas que son témoignage, équivale à celui du corps de l'humanité. Mais a-t-on jamais mis à l'épreuve, a-t-on même jamais pû éprouver la fidélité de ceux qui racontoient que leur Prophète avoit nourri 30 mille hommes avec un foye de brebis, que dans un désert aride son armée avoit étanché sa soif au bout de ses doigts, ou qui avoient entendu raisonner bien ou mal l'épaule de mouton rôtie. Comment peut-on donc comparer les miracles sur lesquels la vérité du Christianisme est fondée, & ceux de Mahomet, mettre en parallele la maniére dont l'Univers est devenu Chrétien, & les progrès du Mahométisme. Seconde différence qui ne permet pas à un homme sensé de confondre les succès de l'Evangile avec ceux du Mahométisme.

Suivons cependant encore cet odieux parallele. Peut-être que les mœurs du tems avoient préparé les voyes aux hommes apostoliques ; comme les passions ont secondé la Religion de Mahomet. Jamais les mœurs des Romains ne furent plus corrompuës que dans les siécles de l'établissement du Christianisme. Qu'on lise seulement Tacite, on verra que tout ce qu'on peut dire des débordemens de notre siécle n'en approche pas. L'Epicurisme pratique & le plus licentieux régnoit alors. Peut-on comparer les mœurs des Arabes que Mahomet réunit en corps de nation, à la corruption Romaine ? La maniére de vivre des Arabes étoit simple. La distribution de ce peuple en tribus s'étoit conservée parmi eux, & leur respect pour cet ancien usage prouve qu'ils s'étoient préservés des dangers qu'entraîne toujours le mélange de différens peuples. Qu'elle comparaison y a t'il à faire des dogmes de la morale de Mahomet, avec les dogmes & la morale des Chrétiens ? Non seulement il laissa à son peuple l'usage de la Polygamie; mais il la proposa pour récompense éternelle : il ne fit que changer l'objet de leur attrait pour la rapine & le pilliage en élevant leur courage, & en leur inspirant le dessein de dépouiller les Rois & les Empereurs, & de dévaster des Provinces entiéres, plutôt que de piller des caravannes : il ne leur deffendit qu'un seul goût que sa santé peut-être l'empêchoit de satisfaire ; je veux dire le penchant pour le vin. Ce trait de politique banissoit une infinité d'occasions de dissensions, de violences, de meurtres dans le corps de la nation. Et l'abstinence de cette liqueur étoit, avec l'intrépidité dans les combats, le principal & le grand mérite qui pût faire prétendre à la Poligamie éternelle. La Morale chrétienne oblige à modérer toutes les passions, astraint à la chasteté dans l'état conjugal, deffend de jouir de rien, en usant de tout, & renferme même les plaisirs de l'esprit dans les bornes de la sobriété. Elle interdit à l'homme l'estime de soi-même, en le tenant toujours sous les yeux de Dieu, à qui seul il appartient de juger du fond du cœur. Qu'elle morale à annoncer aux Romains, dont une partie superstitieuse aimoit des Dieux, qui par leurs débauches autorisoient tous les excès, & auxquels ils croyoient devoir leurs progrès, & leur souveraineté sur le monde, tandis que l'autre partie frondoit toute espèce de Religion, & ne connoissoit aucuns principes de Morale. Nos prétendus Philosophes qui se glorifient de leur nombre, oseroient-ils comparer leur petit troupeau, à la multitude des

Epicuriens répandus sur toute la face de l'Empire pendant les trois premiers siécles de l'Eglise.

Dans l'Orient qu'on peut regarder comme le berceau du Christanisme, la Poligamie n'étoit pas divinisée par la superstition, mais elle l'étoit par la sensualité extrême de ces peuples. Cet usage ne peut rendre l'homme meilleur, puisqu'il l'expose à irriter dans l'intérieur de la maison celle de nos passions qui nous distrait le plus de la présence de Dieu, & l'y rend aussi impérieuse qu'elle le devient par la débauche la plus volage, & la plus effrénée au dehors; aussi est-il opposé (cet usage) à l'institution primitive du Créateur, & il est imparfait par lui-même, puisqu'il forme dans une seule famille la société monstrueuse de plusieurs familles unies en même-tems, & divisée d'affection & d'intérêt. C'est pour toutes ces raisons, vous me permettrez, M. cette observation qui ne seroit pas de mise dans votre communion, c'est pour cela, dis-je, que cet usage est incompatible avec l'union chrétienne de l'homme & de la femme, laquelle union doit être le symbole d'une alliance infiniment plus noble & plus parfaite, pour être sanctifiée par la grace du Médiateur.

Cet usage rétabli dans toute l'Asie depuis que la Foi s'y est perdue, est maintenant un obstacle presqu'insurmontable au zéle de nos Missionnaires, & absolument invincible au jugement de M. de Montesquieu. La Polygamie céda pourtant aux Prédicateurs de l'Evangile. Fut-elle abolie par la force du raisonnement, ou par la force des prodiges? Je laisse la question à décider à ceux qui connoissent le cœur humain & le génie Oriental. Vous avez observé, Monsieur, dans ce que je viens de remarquer, un troisième ordre de différence bien sensible entre la cause des progrès du Christianisme & celle des succès du Mahométisme.

Enfin l'ignorance & la crédulité ont peut-

peut-être servi aux Disciples de l'Evangile, comme elles ont concouru aux progrès du Mahométisme. Y eut-il jamais plus de Philosophes à Rome & dans toutes les parties de l'Empire, que dans les siécles de l'établissement de l'Evangile? On y avoit comme aujourd'hui, l'or du siécle d'Auguste changé en petite monnoye, & le génie étoit devenu bel esprit. Mais le nombre des Sophistes, & de ceux que toute Religion indispose, étoit encore plus prodigieux qu'il ne l'est de notre tems. Pour se faire une idée du goût qu'on avoit dans ces tems là pour la Philosophie, il faut faire attention au choix de plusieurs bons Empereurs élus par des soldats : car ces Empereurs étoient des Philosophes. Tels furent Galba, Vespasien, Titus, Trajan, Marc-Aurele, & Dioclétien qui fut si malheureusement la duppe de sa Philosophie, & qui ne persécuta les Chrétiens, que parce qu'il étoit Philosophe. Ceux qui se soumettoient à de tels hommes n'étoient-ils pas tout au moins des

I. Partie. F

amateurs de la Philosophie. Et c'étoient des Militaires. D'ailleurs peut-on douter que la Philosophie ne fût cultivée, avec empreſſement, ne fût à la mode, quand elle brilloit ſous la pourpre, & qu'elle diſpenſoit les faveurs. Elle étoit alors la ſeule rivale du Chriſtianiſme. L'ordre des Prêtres du Paganiſme ne pouvoit livrer de combats littéraires. Ce ne furent que des Philoſophes au tems de Julien qui souffloient continuellement aux oreilles du Prince. C'eſt donc réſiſter à la notoriété des faits les mieux avérés que de ſoutenir, comme l'on fait ſans pudeur, devant des femmes peu inſtruites & des hommes qui le ſont tout auſſi peu, que le Chriſtianiſme s'eſt introduit à la faveur de l'ignorance où l'on étoit dans les trois premiers ſiécles, & parce qu'il n'avoit point à combattre des Philoſophes de la trempe de ceux de nos jours. Ceux de ces ſiécles-là étoient tout auſſi diſerts que les nôtres, (témoin Séneque, les Plines, &c.) Ils diſoient en auſſi bons termes des riens métaphyſiques, &

l'on ne fait aujourd'hui que les répéter.

Enfin ils étoient auffi prévenus contre la Religion Chrétienne que le font quelques-uns des nôtres, & l'on ne peut douter que si tous ne contribuoient pas à animer les Magistrats contre elle, si quelques-uns d'entre-eux, par exemple Pline le jeune, regardoient les Chrétiens comme de bonnes gens incapables de nuire à perfonne, tous les méprifoient & faifoient valoir contre eux ce genre de perfécution qui n'eft que trop efficace parmi nous, je veux dire les railleries, & la tournure ridicule qu'ils fçavoient donner aux maximes & aux pratiques de notre Religion. Cette derniére différence des obftacles que le Chriftianifme a rencontré de la part des Philofophes & des Sçavants, oppofée aux facilités que l'ignorance des peuples féduits par Mahomet a fourni au faux Prophète eft toute entiére en faveur du Chriftianifme.

Vous fçavez, Monfieur, jufqu'où je pourrois pouffer ces vuës, fi mon objet étoit l'apologie de la Religion Chretienne. Mais

F ij

ç'en est assez, pour fermer la bouche aux incrédules qui sont très-portés à abuser de fréquentes allusions que M. H***. paroît faire à la maniére dont je ne sçai combien de superstitions ridicules ont été introduites dans différens païs. Et j'ai cru qu'il suffisoit de prouver que la plus apparente de ces allusions est follement indécente, pour justifier un homme d'esprit de l'odieux soupçon d'avoir prétendu étendre ces allusions à la Religion, qu'il croit seule véritable, puisque ceux même qui doutent de la vérité de cette Religion, ne pourroient faire ces comparaisons odieuses sans deshonorer leur jugement. Me voilà quitte, M. des engagemens que j'ai contractés avec vous, je ne le serai jamais à l'égard du profond respect. *

Cinquième Août 1758.

---

* Ce ne sont que les intentions de M. H***. que l'Auteur de ces Lettres prétend justifier. Son dessein étoit de rappeller à lui-même ce nouvel Ecrivain qu'il plaignoit, sans l'aigrir, & sans irriter personne contre lui. Ce n'est pas sa faute, si ses Lettres n'ont pas paru dans leur tems. Il ignoroit combien on étoit disposé à l'autoriser. Il est très-éloigné de blâmer ceux que le zèle a emporté plus loin, étant bien persuadé qu'ils n'ont fait nulle injustice au Livre.

LETTRE TROISIÉME.

Des définitions de l'Esprit proposées par M. H***.

JE ne vois pas plus de compatibilité, Monsieur, entre les mœurs de la plus grande partie des Chrétiens, & leur croyance, qu'entre la foi de M. H***. & sa philosophie. Et cependant je suis très-persuadé qu'un grand nombre d'hommes vicieux ne laissent pas d'être sincérement Chrétiens. Il est incomparablement plus facile de croire les dogmes de la Religion, que d'en pratiquer constament la morale. Ne marquez donc plus d'étonnement de me trouver si attentif à saisir les occasions de justifier M. H***. du soupçon d'irréligion, le plus injurieux de tous les soupçons à mon avis. Je conviens avec vous, Monsieur, que le fond de la raison appartient à la Foi, & que l'on a grand tort de regarder l'une & l'autre comme deux rivalles, qui ne peuvent jamais aller de compagnie. Mais dans le fait nos Philosophes sont dans l'habitude de faire précision de la Foi, quand ils traitent des matiéres philosophiques. Ils pensent peut être que tout ce qu'ils hazardent de paradoxes en raisonnant humainement, (quel qu'incompatible qu'ils soient avec la Religion), ne peut servir qu'à donner plus d'exercice à leur foi, & à en accroître le mérite, à proportion qu'ils lui opposent de plus grandes difficultés à vaincre, & ils s'imaginent fort mal à propos, que tant qu'ils n'attaquent que la raison, la Religion n'y prend aucun intérêt. *Vous êtes bien bon, me dites vous, Monsieur, & vous poussez bien loin la condescendance.* Non. Il me semble qu'en cela je ne fais que rendre justice.

Vous voulez des détails, Monsieur, & des extraits un peu longs, propres à caractériser le ton de raisonnement, le stile, le genre d'esprit de M. H***. pour vous aider apparemment à justifier l'idée générale que j'ai eu l'honneur de vous en donner. Le piége est assez bien préparé. Est-ce ainsi qu'on engage insensiblement ses amis, à faire au-delà de ce qu'ils avoient promis? Vous m'excitez a égayer la matiére, c'est me proposer de sortir de mon caractére. Mais puisque vous souhaitez de la plaisanterie, d'autres que moi sçauront mêler le sérieux & le badinage dans une scéne qui se prépare, & à laquelle on veut que je prenne quelque part. J'aurai l'honneur de vous en rendre compte dans le tems. En attendant je vais tâcher de vous obéir.

M. H*** affecte un air de méthode, comme les Scholastiques. Il veut que nous considérions d'abord l'esprit en lui-même, & dans ses effets. On devine qu'il réduit la faculté de penser à deux puissances passives, comme il les appelle, dont l'une est la sensibilité Physique: (y a-t'il une sensibilité Métaphysique?) La seconde puissance passive est la mémoire, qui n'est autre chose, selon lui, qu'une sen-

F iv

sation continuée mais affoiblie.

Ces facultés, dit-il affez singuliérement, nous sont communes avec les animaux, & elles nous occasionnent plus d'idées qu'aux animaux, parce que nous avons des mains, & qu'ils n'ont que des pattes, ou des griffes. Le principe pensant est-il spirituel ou matériel ? Question peu importante. On n'en pourroit porter qu'un jugement provisoire, si l'Eglise n'avoit pas fixé notre croyance sur ce point. Ce qu'il a à dire de l'esprit s'accorde également avec l'une ou l'autre de ces hypothèses. (Il faut pourtant en excepter sa morale qui fait une grande partie de son Livre, & qu'il n'est pas possible de lier avec la croyance *provisoire* de la spiritualité de l'ame, & encore moins avec le dogme de l'immortalité.)

Se ressouvenir, c'est sentir, saisir des rapports ; juger, c'est sentir, faire des abstractions, & les réduire dans l'ordre synthétique, ou analyser ; c'est encore sentir : enfin toute opération de l'esprit jusqu'à l'erreur, & aux faux jugemens n'est autre chose, dans l'esprit de notre Auteur, qu'une sensation. Je ne sçai quel mystére est compris dans cette doctrine. Si l'Auteur veut nous faire entendre que le sens de notre existence est sous toutes nos pensés, sous tous nos souvenirs, sous toutes nos volontés, & qu'ainsi notre sensibilité en fait le fond, il ne nous dit rien de merveilleux; mais s'il prétend abuser de cette vérité pour conclure que tout est passif en nous, que ce que nous appellons opérations de l'esprit ne dépend d'aucune activité qui nous soit propre, est purement passif, comme la douleur à l'occasion d'une piquure, mon sens intime se révolte contre sa prétention.

S'il eut voulu nous apprendre ce qu'on entend par une belle pensée, il eût pu consulter les Entretiens du P. Bouhours sur la maniére de penser sur les ouvrages d'esprit; il y eut trouvé d'excellentes choses, se fût mis à notre portée, & n'eut pas balbutié pour nous donner trois définitions de l'Esprit, dont il rejette les deux premières, & dont assurément nous n'adopterons pas la troisiéme.

De l'Esprit, pag. 1.

L'Esprit, comme effet de la faculté de penser, n'est, nous dit-il, que l'assemblage des pensées d'un homme, c'est-à-dire suivant le ton de la philosophie du jour, l'assemblage des sensations d'un homme. Voilà du nouveau: & problablement c'est, M. ce que vous n'avez jamais voulu dire, quand vous avez affirmé que quelqu'un avoit de l'esprit.

De l'Esprit pag. 43.

Pour nous donner une définition plus exacte, il fait contraster la Science avec l'Esprit, » la Science, dit-il, n'est que le » souvenir des faits ou des idées d'autrui: » l'Esprit distingué de la Science est donc » un assemblage d'idées neuves quelcon- » ques. « Remarquez bien, Monsieur, qu'il veut nous découvrir quel est le fondement sur lequel nous disons qu'un homme a de l'esprit, & assurément vous ne goûterez pas cette seconde définition.

SUR L'ESPRIT. 91

Aussi la rejette-t'il pour de bonnes raisons, & que vous n'auriez peut-être pas imaginées. Car ce n'est pas par ce qu'elle manque de justesse & de précision; ni parce qu'il est ridicule de décorer du nom d'Esprit un assemblage *d'idées neuves quelconques*. Les Petites Maisons abondent de ces assemblages d'idées neuves.

» Elle est juste « nous dit l'Auteur » el-
» le est même très-instructive pour un
» Philosophe « vous ne vous en douteriez
» pas, Monsieur, » mais malheureusement
» elle ne peut être généralement ado-
» ptée. « Quel malheur ! » Il faut au Pu- Ibid.
» blic une définition qui le mette à por-
» tée de comparer les différents esprits
» entre eux, & de juger de leur force
» & de leur étendue : « or le Public ne peut avoir un dénombrement exact, ni de la quantité, ni de l'espèce des idées d'un Homme; & dans l'hypothèse impossible que le Public pût avoir ce dénombrement, il seroit forcé de placer au rang des génies, des hommes auxquels il ne soupçonne pas mê-

me qu'on puisse accorder le titre d'homme d'esprit.

De l'Esprit, pag. 44.

» Quelque frivole que paroisse un art, cet art cependant est susceptible de combinaisons infinies. Lorsque Marcel, la main appuyée sur le front, l'œil fixe, le corps immobile, & dans l'attitude d'une méditation profonde s'écrie tout-à-coup en voyant danser son Ecoliére : *Que de choses dans un menuet !* il est certain que ce Danseur appercevoit alors, dans la maniére de plier, de relever, & d'emboiter ses pas, des adresses invisibles aux yeux ordinaires, & que son exclamation n'est ridicule que par la trop grande importance mise à de petites choses. «

Trouvez-vous, Monsieur, que cette exclamation qui annonce une grande collection d'idées neuves dans Marcel sur son métier soit aussi ridicule, que l'usage qu'en fait ici notre Auteur ? On nous cite encore un bon mot de ce célébre

Ibid. Note (*a*)

Maître à danser. Un Etranger se donnant

pour un Anglois, Marcel le reconnut au front baiſſé, au regard timide, à la démarche incertaine, pour *l'Eſclave titré d'un Electeur*. Il n'eut pas ſi ſûrement reconnu les Eſclaves titrés du Grand Seigneur dans deux Ambaſſadeurs de la Porte que nous avons vus.

„ Or « continue, M. H***. peſez bien, s'il vous plaît, l'importance de cette induction, „ ſi l'art de la danſe renferme un très-grand „ nombre d'idées, & de combinaiſons, „ qui ſçait ſi l'art de la déclamation ne „ ſuppoſe point dans l'Actrice qui y excel- „ le, autant d'idées qu'en employe un „ Politique pour former un ſyſtême de „ Gouvernement ? « Eh bien ! Monſieur. » Qui peut aſſurer, lorſqu'on „ conſulte nos bons Romans, que, dans „ les geſtes, la parure, & les diſcours „ étudiés d'une Coquette parfaite, il n'en- „ tre pas autant de combinaiſons & d'i- „ dées « neuves apparemment » qu'en exi- „ ge la découverte de quelque ſyſtême du „ monde, & qu'en des genres très-dif-

» férens, la le Couvreur & Ninon de
» l'Enclos n'ayent eu autant d'esprit
» qu'Aristote & Solon. Je ne prétends
» pas démontrer à la rigueur la vérité
» de cette proposition ; mais faire seule-
» ment sentir que toute ridicule qu'elle
» est « l'aveu est très-bien placé » il n'est
» cependant personne qui puisse la résou-
» dre exactement. » Car ce que l'Auteur sent ne pouvoir faire personne ne le
fera.

Vous la résoudriez, vous, Monsieur, en disant que ces personnes si spirituelles dont on fait les pendants d'Aristote ou de Solon, ont beaucoup de sentiment & très-peu d'idées ; vous parleriez comme se seroient exprimés Descartes, Malebranche, Pascal ; mais vous démen- tiriez le pesant Philosophe Anglois qu'on a mis à la mode, que nos François ne lisent point, & que pour cette rai- son nos demis-Sçavans préconisent impu- nément. Quoiqu'il en soit vous aurez ap- paremment rapporté à cette belle ques-

Locke.

tion les instructions sublimes que le Philosophe peut tirer de la seconde définition de l'Esprit. C'est ainsi qu'on peut philosopher à l'Opéra.

Voyons la troisième définition à laquelle l'Auteur arrive après tous ces tâtonnemens. » L'Esprit n'est qu'un assemblage *De l'Esprit,* » plus ou moins nombreux non-seulement *Pag. 45.* » d'idées neuves, mais encore d'idées » intéressantes pour le Public. C'est moins » au nombre & à la finesse qu'au choix » heureux de nos idées qu'on a attaché » la réputation d'homme d'esprit. « Nous avons donc à la fin une définition, Monsieur; mais que deviendront nos Philosophes modernes, à qui nous ne donnons que de l'esprit, si nous ne pouvons leur conserver ce genre de réputation, qu'autant que nous aurons trouvé dans leurs Ecrits des idées neuves & intéressantes pour le bien de la Société? Faudra-t'il donc enlever à notre Auteur le titre d'homme d'esprit, que j'ai cru devoir lui accorder? Jusqu'ici j'aurai été sûrement la duppe de mon ignorance : j'imaginois voir beaucoup d'esprit dans la manière éblouissante dont nos Philosophes petits-maîtres ont récrépi de vielles erreurs très-funestes à la Société, en leur donnant un air de nouveauté, faute en les rendant gentilles de pouvoir les rendre belles.

L'Auteur apporte en preuve de cette rare définition de l'Esprit, que le Public n'a jamais accordé aux grands joueurs d'Echecs le titre de grands esprits, parce que leurs idées ne sont utiles, ni comme agréables, ni comme instructives, & qu'on n'est pas par conséquent intéressé à les estimer. Mais Marcel, (on dit Marcel, comme on dit César sans aucun titre, pour lui faire plus d'honneur,) Marcel reparoît en qualité d'homme d'esprit, & nous retombons ici dans le même inconvénient qui a obligé l'Auteur à abandonner sa seconde définition de l'Esprit. Le grand Joueur d'Echecs a un grand nombre de combinaisons & des suites de combinaisons très-étendues ; mais peu de personnes

nes s'en amusent. Voilà pourquoi le Public ne met pas le Joueur d'Echecs au rang des grands esprits. Marcel a une collection d'idées neuves sur la bonne grace dans le maintien, dans la démarche, dans la maniére de saluer, de mouvoir les bras dans le port & les attitudes de la tête, pour les deux sexes ; soit que l'on danse, soit que l'on marche, qu'on soit debout, ou assis, en public, ou en particulier. Il fera d'un Anglois un François maniéré, & de l'Esclave titré d'un Electeur un Anglois dont le port sera fier & avantageux. Que de choses dans Marcel, mais que de choses agréables & utiles au Public. » Or suivant notre Auteur l'intérêt » préside à tous nos jugemens. « Le Public fait donc injustice à Marcel s'il ne met pas notre Maître à danser dans la classe des grands Esprits.

De l'Esp.
P. 46.

« Si le Public » ajoute-t-on « a toujours
» fait peu de cas de ces erreurs dont
» l'invention suppose plus de combinai-
» sons & *d'esprit* que la découverte d'u-

I. Partie.   G

» ne vérité, & s'il estime plus Locke que
» Malebranche, c'est qu'il mesure tou-
» jours son estime sur son intérêt. «

Lui passerez-vous, Monsieur, cette préférance du Public en faveur de Locke; vous n'êtes ni Anglois, ni François, vous êtes dans le cas de juger avec impartialité, où de recueillir les suffrages. C'est l'estime du Public qui régle les rangs des beaux Esprits. Or croyez-vous qu'on trouve généralement moins d'esprit à Malebranche qu'à Locke ? Y a-t'il donc moins d'agrément dans le stile du premier, que dans le stile du second ? Quant à l'utilité, que nous a appris Locke ? ce qu'il avoit lui-même appris des vieux Scholastiques: rien de nouveau. Il y a sans doute des erreurs dans la recherche de la vérité: mais combien d'observations ! utiles & profondes, qu'elles ressources ! inépuisables pour un homme qui aime à chercher le vrai. Que de maximes! que de principes ! qu'elles vues ! dans le seul système des causes occasionnelles ;

dans le développement de la destination des sens ? &c.

Le Public apprécie assurément les travaux d'un homme d'esprit sur leur utilité ou sur leur agrément ; mais ce n'est point du tout par l'utilité de ces mêmes travaux, ni par le plaisir qu'il en reçoit qu'il juge de l'étendue des lumières d'un Auteur. Vos compatriotes ont érigé, M. des statues à Erasme, & à celui qui inventa l'art de préparer les Harancs. Ce dernier art leur est plus utile que tout ce qu'Erasme a composé de plus brillant ; ont-ils voulu annoncer que l'un & l'autre avoient également de l'esprit, ou qu'Erasme en avoit moins que l'Inventeur de l'art de préparer les Harancs. C'est pourtant ce qu'on devroit dire, s'il falloit s'en tenir au *Toisé* de l'Esprit que l'Auteur nous propose, & nous devrions plus estimer les Comptes faits de Barême qui pendant long-tems ont épargné tant de calculs aux Financiers & aux Marchands, que la Géométrie de l'Infini

G ij

de M. de Fontenelle, ouvrage assurément à la portée & à l'usage de peu de personnes.

Sur ces observations assez simples la troisième définition de l'Esprit ne doit pas faire fortune, mais si l'on se donne la peine de l'approfondir on y trouvera quatre défauts essentiels. 1°. La collection d'idées neuves, utiles ou agréables n'est pas l'Esprit, c'est l'ouvrage de l'Esprit conservé dans la mémoire. Un Livre n'est pas l'Esprit d'un Auteur, quoiqu'il comprenne la collection des idées du même Auteur, mais c'est la production de son Esprit. Une pendule n'est pas l'art d'un Horloger ; mais elle sert à juger de l'habileté de celui qui l'a faite ; & de même un Livre bien composé fait juger favorablement des grandes qualités de l'Ecrivain.

2°. La définition confond l'homme d'esprit avec le génie inventif. On peut donner des marques de beaucoup d'esprit, & ne dire que des choses communes, mais en les exprimant d'une maniére nouvelle, noble ou naïve; agréable ou sublime. C'est moins la nouveauté de ces idées que la maniére de les préfenter qui décéle l'homme d'esprit. Rien n'est usé sous sa plume, tout y prend les graces de la nouveauté. Il arrange, il combine des idées que tout le monde a, comme le grand Peintre fait des chefs-d'œuvre en n'employannt que les mêmes couleurs dont se servent ceux qui barbouillent les enseignes. On a donc eu tort de caractériser l'esprit par la nouveauté des idées. L'esprit est proprement le metteur en œuvre des idées. Le génie découvre de nouvelles vérités. L'homme d'esprit orne les vérités les plus communes & intéresse jusqu'aux passions en leur faveur.

3°. L'esprit ne s'exerce pas uniquement sur les idées: comme l'orgue; il a des jeux différents: non-seulement il combine habilement les idées de ceux à qui il parle; mais il fait jouer à son gré leur imagination, sçait tâter les fibres de leur cœur, & y mettre en ressort celles qu'il lui plaît de monter au ton de ses passions. C'est-à-dire qu'il fait valoir également les idées, les images, & les sentimens. L'Eléve brille sur l'orgue dans les petits airs, & l'Organiste dans le grand jeu. L'esprit éminent fait jouer tout à la fois & à son gré nos idées, nos imaginations, nos sentimens. C'est-à-dire qu'il exerce en même-tems notre esprit, notre imagination, nos passions. Il fait valoir tout entier l'homme qu'il veut intéresser: & l'on peut dire même que c'est par son empire sur l'imagination & sur le sentiment qu'il nous fait trouver du plaisir à nous rendre à sa façon de penser.

Un homme avec beaucoup d'idées, & même d'idées neuves peut n'être pas un homme d'esprit. Tel est celui qui n'est que Géométre. Mais une dose commune de bons sens jointe à l'empire d'une belle imagination peut faire un homme de beaucoup d'esprit. En genre d'éloquence, ce sera l'homme disert; si à ces deux parties se réunit le sentiment vif, noble, délicat, il en résultera un Orateur; ce sera un Bossuet, si le génie créateur est joint à ces grands avantages & à une vaste érudition. Mais une forte imagination assortie à un grand fond de sentimens, avec une très-petite mesure de sens commun fera ce qu'on appelle dans le monde un bel esprit, c'est le clinquant de l'esprit; c'est l'esprit faux

Notre Auteur ignore-t'il que ce n'est pas un immense fond d'idées qui fait les femmes de beaucoup d'esprit. Car communément les femmes sçavantes & méditatives ne sont pas fort spirituelles. Celles qui brillent par l'esprit abondent en images & en images vraies, elles ont le sentiment vif & exquis, &, s'il est réglé par la décence il est plus délicat que le nôtre. Ce qu'elles ont d'idées est net, & juste; quelques-unes en ont beaucoup, mais en général il leur en faut bien moins qu'à un homme pour leur valoir à juste titre la réputation de bel & bon esprit. On a donc eu tort de ne faire consister l'Esprit que dans la collection des idées.

4°. L'utilité des productions de l'esprit caractérise non l'esprit même, mais l'usage qu'on en fait. Ce n'est pas parce que l'on a beaucoup d'esprit qu'on fait des choses utiles, c'est parce qu'on a de bonnes intentions. L'esprit sert également au bien & au mal. C'est l'esprit que l'Orateur employe pour faire absoudre un coupable, ou condamner un innocent. Les ennemis de César convenoient qu'il avoit un esprit supérieur. On s'est donc trompé en avançant que le Public comme le particulier n'adjuge le titre d'homme d'esprit qu'à celui en qui il connoît une collection d'idées utiles ou agréables.

L'Auteur donne dans les plus grandes méprises, en confondant toujours l'esprit avec ses usages » chaque particulier « dit il, » ne donne le nom d'esprit, qu'à l'habitude, « ce n'est plus à la collection » des idées qui lui sont utiles, soit com-

De l'Esprit, pag. 55.

» me instructives, soit comme agréables.
» ... A ce nouvel égard l'intérêt est en-
» core le seul Juge du mérite des hom-
» mes. » Mais le mérite des hommes n'est
ni dans l'esprit ni dans les richesses, il
est dans le bon usage des lumiéres, ou
de l'opulence » le Pilote « continue-t'il,
» le Médecin, & l'Ingénieur auront plus
» d'estime pour le constructeur de vais-
» seau, le Botaniste & le Méchanicien
» que n'en auront pour ces mêmes hom-
» mes, le Libraire, l'Orfévre & le Ma-
» çon, qui leur préféreront toujours le Ro-
» mancier, le Dessinateur, & l'Archi-
» tecte. «

Que prouve-t'on par ces oppositions si
singuliérement choisies & si bizarrement
compliquées, si ce n'est qu'un particulier
estime plus ceux qui appliquent leur esprit à un genre pour lequel il a un goût
décidé, qu'à celui qui s'occupe de tout
autre espéce d'idées ; c'est pour cela,
comme dit encore l'Auteur » qu'une fem-
» me tendre fera plus de cas d'un Ro-

» man que d'un Livre de Métaphysique ;
» qu'un homme tel que Charle XII. pré-
De l'Esprit » férera l'Histoire d'Alexandre à tout au-
pag. 56. » tre ouvrage ; & que l'avare ne trouve-
» ra d'esprit qu'à ceux qui lui indique-
» ront le moyen de placer son argent à
» gros intérêt, « il est bien clair que l'A-
vare ne cherche pas à apprécier le ton
d'esprit des hommes, & qu'il ne songe
qu'aux usages qu'il en peut tirer. Et c'est
cet usage qu'il apprécie.

M. H***. s'explique ensuite sur l'intérêt qui décide des jugemens de la plus
part des hommes » pour estimer les idées
» d'autrui, il faut être intéressé à les es-
» timer. Sur quoi j'observerai qu'à ce der-
» nier égard les hommes peuvent être
» mûs par deux sortes d'intérêts. « Le premier est l'amour du vrai. M. H***. ne
l'accorde qu'à quelques Esprits philosophiques & à quelques gens » trop jeunes pour
» s'être formé des opinions, & rougir d'en
» changer. « L'autre intérêt commun à tous
les hommes les porte à n'estimer, dit notre

Auteur, que des idées conformes aux leurs, & propres à justifier la bonne opinion qu'ils ont tous de la justesse de leur esprit.

Vous croiriez, Monsieur, qu'il forme cette grande classe de sots suffisans. Point du tout, il la compose de presque tous les gens médiocres à qui il donne un instinct sûr & prompt pour connoître & fuir les gens de mérite : Trouvez-vous cette idée fort juste ? Les gens médiocres sont les vrais admirateurs de l'homme d'esprit. Ce n'est point parce qu'on a l'esprit médiocre qu'on hait & qu'on fuit l'homme d'esprit, c'est qu'on a soi-même l'esprit très-petit, avec un très-grand fond d'envie, passion basse qui se niche encore plus souvent dans le cœur d'un homme d'esprit & qui y regne toujours plus à l'aise que dans celui de l'homme médiocre, ou moins que médiocre.

M. H***. ne conviendroit point de cette dernière observation » les gens d'esprit » ont « selon lui » un attrait qui les force, pour ainsi dire, à se rechercher mal-

» gré le danger que met souvent dans leur
» commerce le désir commun qu'ils ont de
» la gloire. « J'attefte contre cette prétention le témoignage de tous les fiécles, &
celui du nôtre en particulier. La bonté du
cœur & non la beauté de l'efprit, même entre les plus grands génies, forme
feule des unions étroites. Deux beaux ef-
prits font néceffairement rivaux; & s'ils
s'aiment ils ont une qualité de plus; &
la fupérieure à tous les genres de mérite,
je veux dire le cœur bon. Or cette fym-
pathie qu'il fuppofe, contre toute expérience, entre les gens d'efprit vient, » dit-
» il « de la reffemblance d'idées ou de
fentiment entre deux hommes. » Voilà «
ajoute-t'il, » ce qui rapproche des hom-
» mes d'une condition très-différente.
» Voilà pourquoi les Augufte, les Mé-
» céne, les Scipion, les *Julien*, les Ri-
» chelieu & les Condé vivoient familié-
» rement avec les gens d'efprit, & ce qui
» a donné lieu au proverbe dont la tri-
» vialité attefte la vérité: *dis-moi qui*

» tu hantes, je te dirai qui tu es. «

Quelle chute, Monsieur, on ne reprochera pas ici à notre Auteur une pointe d'épigrame. Assurément les hommes dont il parle avoient un esprit supérieur. Mais que fait là Julien ? Ce fut un bel esprit, j'en conviens. Il eut toujours sa cour fournie de Philosophes à longues barbes, & en longs manteaux ; car ce n'étoient pas des petits maîtres ; & sa cour n'en étoit pas moins ridicule : j'en conviens encore. Mais son goût fut-il décidé dans le choix de ces amis par la supériorité de l'esprit & des connoissances, ou par l'entêtement fanatique pour le rétablissement de l'idolâtrie ? Et ces nouveaux amis, qu'il se fit, lorsqu'il eut levé le masque, pouvoient-ils être comparés du côté de l'esprit & du génie à ceux qu'il perdit par son apostasie. Ce n'est pas le seul endroit où l'Auteur grouppe singuliérement les hommes célèbres.

» L'analogie, ou la conformité des *De l'Eprit,*
» idées, des opinions doit donc être con- *pag. 57.*

» sidérée comme la force *attractive* & *ré-*
» *pulsive* qui éloigne ou raproche les hom-
» mes les uns des autres. « Ce qu'il exprime si singuliérement est assez communément vrai dans les tems de parti. Mais ces
expériences ne prouvent pas qu'entre deux
hommes de génie, la conformité des sentimens soit une force attractive, encore
moins qu'ils ne se trouvent réciproque-
ment de l'esprit qu'à cause de cette conformité, & c'est néanmoins le point où
il nous veut ammener. On le voit par
l'exemple qu'il nous propose. Comme il
brûle de zèle pour la conversion des Ma-
hométans, il révient souvent à eux. Il transporte à Constantinople un Philosophe qui
n'étant point *éclairé par les lumières de la*
révélation, niera la mission de Mahomet
les miracles & les prétenduës révélations
de ce Prophète. Quelques raisons que ce
Philosophe apporte de son incrédulité »
» n'obtiendroit jamais la réputation d
» sage & d'honnête auprès des bons Mu
» sulmans, qu'en devenant assez imbéci

SUR L'ESPRIT. 111

» le pour croire des choses absurdes, ou
» assez faux, pour feindre de les croire. » Pag. 59.
Alternative cruelle ! où il y a bien de la
follie à s'exposer, & qui décéle qu'elle
opinion l'Auteur auroit de lui-même,
s'il n'étoit pas intérieurement Chrétien,
comme il professe de l'être extérieurement.

De l'Esprit.

Mais le zèle de l'Auteur contre les
Musulmans fait tort à la justesse de son
esprit. Si le Philosophe est honnête & sage ; s'il est homme d'esprit, le Musulman lui reprochera tout au plus le mauvais usage de ces grandes qualités, mais
il ne s'obstinera pas à les lui refuser.

Les Protestans & les Catholiques, quoiqu'opposés de sentimens sur l'article de
la Religion, s'accordent néanmoins dans
les jugemens qu'ils portent sur l'esprit &
le génie de ceux qui brillent dans chaque communion. Nous ne disons pas que
Calvin, Baise, Mélencton, Claude n'avoient pas d'esprit, ils ne disent pas que
Bellarmin, les Cardinaux de Lorraine &

du Perron, Bossuet n'étoient que des esprits médiocres.

» C'est toujours soi qu'on estime dans les » autres. « Qu'il me soit permis de représenter à l'Auteur que cette maxime ne lui va point du tout, parce qu'elle n'est qu'à l'usage d'un fat. Est-ce donc soi-même qu'on estime en admirant des génies d'un ordre supérieur ? Ne trouve-t'on de beaux visages que ceux qui ont des traits ressemblants aux nôtres ?

De l'Esprit pag. 60.

Mais » dira-t'on » on voit quelquefois » des hommes admirer dans les autres, » des idées qu'ils n'auroient jamais pro- » duites, & qui même n'ont nulle ana- » logie avec les nôtres « cela se rencontre très-souvent ne lui déplaise. Mais il en cite un exemple de la plus grande singularité, celui d'un Cardinal pieusement insolent, qui disoit à un Pape nouvellement élu ; avant que de lui rendre cette éspéce d'hommage qu'on appelle adoration, suivant la plus ancienne & la plus étenduë signification de ce mot : » souve-
» nez-

DE L'ESPRIT.

...avant votre exaltation... ...qu'un ignorant & un opi-... ...Je vais vous adorer. » ... ...on voit trop où va ce bon mot. ...ible que M. H*** se soit fait un ...recueil d'anecdotes qu'il a voulu in-... dans son Livre, & qu'il ne place ...toujours facilement & heureusement; ...le tour qu'il prend pour enchasser le ...de l'opulence du Cardinal : » Peu de ...sont doués sans doute du cou-... nécessaire » pour dire à leur Souve-... ...dureté qu'ils ne se permettroient ...vû de leurs égaux, & qui marque ...qu'un orgueil cynique. ...continue » mais la plus part d'entre ...semblables à ces peuples, qui tour ...adorent & fouettent leur idole, ...secret charmés de voir humilié ...auquel ils sont soumis. La ven-... ...leur inspire l'éloge qu'ils font ...traits, & la vengeance est ...Il fait allusion apparem-... ...des Cours orienta-

I. Partie.   H

les. D'ailleurs si un courtisan rit des discours du Cardinal, rire est-ce approuver? Ceux-mêmes qui verroient de la grandeur d'ame dans le discours de l'Eminence ne se seroient-ils mis dans ce point de vuë que par le désir secret de se venger des droits de la souveraineté de leur Prince.

De telles dispositions ne peuvent être dans le cœur d'un François. Mais croyez-vous ce qu'il ajoute " qui n'est point ani-
" mé d'un intérêt de cette espèce, n'es-
" time & même ne sent que les idées
" analogues aux siennes. Aussi la *baguette*
" propre à découvrir un mérite naissant
" ne tourne-t'elle, & ne doit elle réel-
" lement tourner qu'entre les mains de
" gens d'esprit, parce qu'il n'y a que le
" lapidaire qui se connoisse en diamans
" bruts & que l'esprit qui sente l'esprit.

Que pensez-vous, Monsieur, de cette phrase si singuliérement imaginée? Il appuye ce paradoxe d'une anecdote nouvelle. " Ce n'étoit que l'œil d'un Turenne
" qui dans le jeune Churchill pouvoit ap-

ּ» percevoir le fameux Malborough, « cet exemple de pénétration est choisi, on ne peut pas plus mal.

Le Prince Eugène eut l'œil plus pénétrant que M. de Turenne: il démêla dans Malborough, que l'héroïsme ne tenoit qu'au désir d'accumuler, & que le seul moyen de faire goûter au Duc un projet, étoit d'y faire entrevoir l'espérance du pillage. L'ame supérieure du Prince Eugène dédaignoit ces revenans bons de la gloire, qui la flétrissent toujours, les Lauriers ne doivent point être entrelassés de Rameaux d'or, il le sçavoit & abandonnoit généreusement à son collégue toutes les occasions d'accumuler, & c'est ainsi que devenu maître d'un esprit fougueux, turbulent, & vain au suprême dégré, il régla seul les opérations de toutes ces campagnes dont nous admirons, & dont nous pleurons encore les succès.

Il semble à entendre l'Auteur que le cœur est le seul juge du mérite des autres hommes. Il usurpe souvent cette fonc-

Hij

tion sur le jugement, & c'est par cette raison-là même qu'on se trompe si souvent dans cette matiére. M.H***. distingue deux sortes d'estime, l'une qu'il appelle *estime sur parole*, l'autre qu'il nomme estime sentie, précision que tout le monde connoît, mais qui n'a jamais été renduë par une expression si ridiculement précieuse. (Précision qui décéle une main étrangère que tout le monde reconnoîtra.) Car il veut nous faire simplement entendre que nos jugemens à l'égard des hommes sont toujours formés, soit sur l'opinion d'autrui publique ou particuliére, soit sur nos propres observations. Mais cette double source de notre estime est souvent altérée par nos passions, qui ne nous laissent pas la liberté d'examiner ce qu'un homme est en lui-même, & ne nous permettent de l'apprécier que sur ce qu'il est relativement à nous, ou à notre façon de penser. Maniére toujours injuste de décider du mérite.

Je ne finirois point, Monsieur, si je me proposois de vous faire l'énumération de tous les écarts où s'est jetté l'Auteur, faute de bien distinguer les jugemens qu'on porte de l'esprit d'un homme de ceux qui ne tombent que sur l'usage qu'il fait de son esprit. Il mettra en conversation Quinault, Newton, & Machiavel; pour faire de Quinault, cet homme délicat & modeste, un sot qui prend Newton pour un faiseur d'Almanachs, de Newton un Géometre sans goût, & sans vues politiques, qui prend Quinault pour un Rimailleur, & Machiavel pour un Politique du Palais Royal.

Quant à Machiavel c'est pour l'Auteur un Esprit divin à qui il n'ose prêter la moindre méprise. Il introduira ensuite trois Procureurs portant leur jugement sur le grand Corneille. Pour ceux-là il les fait parler comme il leur convient. A dieu, Monsieur, en voilà assez pour aujourd'hui si vous ne vous lassez pas de lire mes longues lettres, je me lasse encore bien moins de vous répéter les assurances, &c. *Ce 7. Août 1758.*

LETTRE QUATRIÈME.

De la cause que M. H***. donne à l'Esprit.

Monsieur H***. Ayant défini l'Esprit la collection d'idées neuves, utiles au Public, vous soupçonnez d'avance, Monsieur, qu'il ne le met pas au rang des dons de la nature. Jusqu'à présent on avoit cru que l'organisation intérieure du cerveau décide du plus ou du moins d'esprit. Un coup à la tête fait subitement d'un sçavant un ignorant, & d'un homme d'esprit un stupide, quoique les organes des sens extérieurs soient bien constitués, & que l'opération du trépan ait parfaitement réussi. Un verre de vin de trop brouille toutes nos idées. Une fois par jour l'affaissement de notre cerveau est cause que nous devenons pour plusieurs heures incapable de penser juste, & de penser de suite : dans notre enfance la foiblesse de notre cerveau a rendu inutiles toutes les facultés actives de no-

SUR L'ESPRIT. 119

tre ame, & notre raison s'est développée à proportion que ce viscére s'est fortifié. Ce sont des observations que personne ne peut ignorer, & sur lesquelles tous les Philosophes (a) du monde se sont réunis à penser que de la constitution particuliére de la tête de chaque homme dépend le ton de son esprit. Bagatelles que tout cela vis-à-vis de M. H***. Il oppose ce qui ne fait rien à la question, & ce que personne ne lui conteste, il oppose que la finesse ou l'étenduë des organes de nos sens extérieurs, des yeux, des oreilles, du palais, du nez, du tact, ne font rien au plus ou moins d'étenduë de l'Esprit, non plus que la mémoire, doctrine vraie, mais tout à fait inconséquente de la part d'un homme qui pense que toutes nos idées ne viennent que des sensations.

Mais par rapport à ce dernier article,

―――――――――――――――――
[a] Excepté un seul, qui vient de nous apprendre que la cervelle n'est pour les nerfs, que ce qu'est la terre pour la racine des arbres, ou une bouillie non organisée. Il veut apparemment qu'on pense du diaphragme. On l'abandonne à l'indignation des Sçavans.

H iv

à la mémoire il prétend, ce que personne ne lui paſſera, que la mémoire eſt purement artificielle, qu'elle eſt indépendante de la conſtitution du cerveau, & qu'on la doit à l'ordre qu'on met dans les idées. Ignore-t'il donc qu'on trouve des enfans dont la mémoire eſt prodigieuſe, avant qu'ils ſoient en état de donner aucun ordre à leurs idées, avant même qu'ils en ayent ? Il ſoutient que tous les hommes communément bien organiſés, c'eſt-à-dire, ayant les cinq ſens bien diſpoſés ſont *tous doués d'une étendüe de mémoire ſuffiſante pour s'élever aux plus hautes idées.* Voici comme il prouve cette propoſition univerſelle, & vraie à quelques égards.

De l'Eprit, pag. 269.
„ Tout homme en effet, eſt à cet égard,
„ aſſez favoriſé de la nature, ſi le maga-
„ ſin de ſa mémoire eſt capable de conte-
„ nir un nombre d'idées ou de faits, tel
„ qu'en les comparant ſans ceſſe entre
„ eux, il puiſſe toujours y appercevoir
„ quelque rapport nouveau, toujours
„ accroître le nombre de ſes idées, &

» par conséquent donner toujours plus
» d'étendue à son Esprit. Or si trente ou
» quarante objets, comme le démontre
» la Géométrie, peuvent se comparer
» entre eux de tant de maniéres, que,
» dans le cours d'une longue vie person-
» ne ne puisse en observer tous les rap-
» ports, ni en déduire toutes les idées
» possibles, & si parmi les hommes que
» j'appelle communément bien organi-
» sés, il n'en est aucun dont la mémoi-
» re ne puisse contenir non seulement
» tous les mots d'une langue, mais en-
» core une infinité de dattes, de faits,
» de lieux, & de personnes, & enfin un
» nombre beaucoup plus considérable
» que celui de six ou sept mille, j'en con-
» clurai hardiment que tout homme bien
» organisé est doué d'une capacité de mé-
» moire bien supérieure à celle dont il
» peut faire usage pour l'accroissement de
» ses idées. « Oui. Pour parvenir aux plus
hautes idées ; non. Mais il n'est pas possible
de lui passer que l'étendue de la mémoire ne

tient point à la perfection intérieure de l'organisation du cerveau, & c'est le point décisif duquel il ne dit pas un mot.

La capacité d'attention dépend certainement de cette organisation, & l'Auteur veut éprouver si cette capacité est la cause de l'Esprit. Peine inutile, car on sçait très-bien que des personnes d'un esprit vif, ne sont guères capables d'attention; & se distinguent pourtant dans la conversation. Je ne le reprends donc pas de ce qu'il donne l'exclusion à la capacité d'attention en cherchant les causes de l'Esprit; puisque l'attention sert à appliquer & à fixer l'Esprit, & non à le produire. Je ne le presse ici, que pour vous faire sentir combien sa maniére de raisonner est vicieuse.

De l'Esprit, pag. 271.

» J'ai fait voir, « dit-il, » que ce n'est
» point de la perfection plus ou moins
» grande, & des organes des sens, & de
» l'organe de la mémoire, que dépend la
» grande inégalité des Esprits. « Et personne ne lui conteste ces deux points, » on
» n'en peut donc chercher la cause que

» dans l'inégale capacité d'attention, « ceci est une conséquence qu'il se promet de réfuter, comme si quelqu'autre que lui s'en prévaloit.

» Comme c'est l'attention plus ou moins
» grande, qui grave plus ou moins pro-
» fondément les objets dans la mémoire,
» qui en fait appercevoir mieux ou moins
» bien les rapports, qui forme la plûpart
» de nos jugemens vrais ou faux; & que
» c'est enfin à cette attention que nous de-
» vons presque toutes nos idées, il est, di-
» ra-t'on, évident que c'est de l'inégale ca-
» pacité d'attention des hommes que dé-
» pend la force inégale de leur esprit. «
Il observe de plus » que le plus foible de-
» gré de maladie, auquel on ne donne-
» roit que le nom d'indisposition suffit pour
» rendre la plûpart des hommes incapa-
» bles d'une attention suivie. C'est sans
» doute, ajoutera-t'on, à des maladies
» pour ainsi dire insensibles, & par con-
» séquent à l'inégalité de force que la na-
» ture donne aux divers hommes, qu'on

» doit principalement attribuer l'incapaci-
» té totale d'attention qu'on remarque
» dans la plûpart d'entre eux. «

Oui, sans doute dans tous ceux dont l'infirmité altérera, ou affoiblira la tête. Et le fait d'expérience qu'il va rapporter ne détruit point cette vérité. » Ceux qui » foibles & délicats devroient consé- » quemment au raisonnement précédent » avoir moins d'esprit que les gens bien » constitués, paroissent souvent à cet » égard les plus favorisés de la natu- » re. « Pourquoi ? parce que ces personnes foibles & délicates ont la tête saine, & organisée parfaitement. Tout le reste du corps étant mal conformé, le cerveau ne peut-il être bien organisé ? Ce viscére gagne souvent aux dépends du reste de la machine, ce qui a rendu un homme bossu est souvent cause que son cerveau prend plus d'étenduë, & que la cervelle y est logée plus à l'aise. Aussi voit-on des hommes contrefaits qui ont beaucoup d'esprit. Scaron n'en manquoit pas assurément : Pascal étoit valitudinaire, ses ennemis lui refusent-ils de l'Esprit, la force de sa tête n'occasionna-t'elle pas la foiblesse du reste de son corps ? Elle fut certainement la cause de sa mort. On lui a reproché qu'il s'étoit tellement appauvri le sang par ses méditations, que sur la fin de sa vie, il avoit continuellement sous les yeux un abîme de feu. Il voyoit effectivement cet abîme, mais il sçavoit très-bien qu'il n'étoit pas réel. Et ceux qui se servent de cet accident pour parler mal de sa tête, & pour le traiter d'imbécille se deshonnorent plus qu'ils ne le rabbaissent; car dans ces tems-là même il faisoit les découvertes les plus profondes & les plus sublimes dans les Mathématiques. Comme l'activité de son cerveau le tourmentoit continuellement; pour la fixer, il étoit obligé de méditer même dans les ardeurs de la fiévre. M. H***. se moque donc de nous lorsque pour prouver que la capacité d'attention ne dépend pas de l'état du cerveau, il nous objecte que les personnes foibles ou mal constituées n'en ont pas moins d'esprit pour cela.

De l'Esprit, pag. 272.

„ Tout ce qu'on peut assurer, c'est qu'entre „ les hommes animés d'un égal amour de „ l'étude " & devroit-il ajoûter, ayant à peu près une égale capacité d'attention, & une égale portée d'intelligence, „ le succès sur „ lequel on mesure la force de l'Esprit pa- „ roît entiérement dépendre & des distrac- „ tions plus ou moins grandes, occasionnées „ par la différence des goûts, des fortunes, „ des états, & du choix plus ou moins heu- „ reux des sujets qu'on traite, de la méthode „ plus ou moins parfaite dont on se sert pour „ composer, de l'habitude plus ou moins „ grande qu'on a de méditer, des Livres „ qu'on lit, des gens de goût qu'on voit, & „ enfin, des objets que le hasard présente „ journellement sous nos yeux. " Tout cela, il est vrai, décide des succès de l'Esprit; & prouve très-bien, ce dont il n'est point question, que l'inégalité de l'attention & de l'application décide des succès entre des hommes dont la capacité est égale.

SUR L'ESPRIT. 127

» Il semble que dans le concours des
» accidens nécessaires pour former un
» homme d'esprit, la différente capacité
» d'attention que pourroit produire la for-
» ce plus ou moins grande du tempérem-
» ment, ne soit d'aucune considération. «
Vraiment non. Aussi personne ne le pré-
tend-il, & ne s'imagine qu'un vigoureux
Atléthe fut un bel Esprit, & qu'Hercule,
le destructeur des monstres, ait été un
génie sublime. On peut avoir un fort mauvais tempéramment & une fort bonne tête, avoir une santé vigoureuse, être capable des plus grands coups de force, &
n'être qu'un sot.

M. H***. a beau paroître content de
sa réponse qu'il appelle sommaire, il
ne s'y fie pas trop. Et il va prendre une
autre méthode; comme il a prouvé que
la capacité de la mémoire ne décide pas
de l'Esprit, il espère aussi montrer que la
capacité d'attention n'est pas plus décisi-
ve à cet égard, puisque tous les hommes
sont doués, selon lui, de la capacité d'at-

tention suffisante pour parvenir aux plus sublimes idées. Ici je n'attaque que la façon pitoyable dont il prouve une vérité que nous ne lui contestons point. Voici comme il procéde : » Tous les hommes que j'ap-
» pelle bien organisés sont capables d'at-
» tention, puisque tous apprennent à lire,
» apprennent leur langue & peuvent con-
» cevoir les premiéres propositions d'Eu-
clide : « cela prouve tout au plus que les hommes sont capables de quelqu'attention, & point du tout qu'ils puissent s'élever au plus haut dégré d'attention. Un Hottentot sçait les quatre ou cinq cents mots qui composent sa langue. Il compte jusqu'à dix : il est bien organisé, l'Auteur se promettroit-il de lui faire concevoir les premieres propositions d'Euclide, ou de lui apprendre à compter jusqu'à mille ?

» Or tout homme capable de concevoir
» ces premiéres propositions, a la puissance
» physique de les entendre toutes : en effet
» en Géométrie comme dans toutes les
» autres sciences, la facilité plus ou moins
» grande

» grande avec laquelle on faisit une vé-
» rité dépend du nombre plus ou moins
» grand de propositions antécédentes que,
» pour la concevoir, il faut avoir préfen-
» tés à la mémoire. Or si tout homme bien
» organisé, comme je l'ai prouvé dans
» le chapitre précédent peut placer dans
» sa mémoire un nombre d'idées fort supé-
» rieur à celui qu'exige la démonstration
» de quelque proposition de Géométrie
» que ce soit, & si, par le secours de l'or-
» dre & par la représentation fréquente
» des mêmes idées, on peut, comme
» l'expérience le prouve, se les rendre
» assez familiéres & assez habituellement
» présentes, pour se les rappeller sans
» peine, il s'ensuit que chacun a la puis-
» sance physique de suivre la démonstra-
» tion de toute vérité Géométrique, &
» qu'après s'être élevé de propositions en
» propositions, & d'idées analogues en
» idées analogues, jusqu'à la connoissan-
» ce par exemple de quatre-vingt-dix-neuf
» propositions, tout homme peut conce-

I. Partie.   I

„ voir la centième avec la même facili-
„ té que la deuxième, qui est aussi dis-
„ tante de la premiére que la centième
„ l'est de la quatre-vint-dix-neuvième. «
Ce texte est de longue halène; mais il
n'y a pas eu moyen de le couper. On
conviendra facilement avec l'Auteur que
la plûpart des Esprits médiocres sont propres à aller assez loin dans l'étude de la
Géométrie, mais on priera l'Auteur de
considérer qu'ils ne sont dans la classe
des médiocres & au-dessus des esprits
bouchés que parce que leur cerveau a le
ton d'organisation convenable, & il en
est de même de la mémoire médiocre qui
suffit à l'homme d'esprit. Il résoud donc
la question par la question même; mais
on ne conviendra pas avec lui que la disposition commune du cerveau suffit pour
élever un homme médiocre aux plus hautes connoissances Géométriques, pour en
faire un Clairault, un d'Alambert, ni même que tout homme de beaucoup d'esprit par le brillant de l'imagination, &

par la finesse du sentiment soit propre à devenir Géométre, à saisir même le premier Livre d'Euclides. Eut-on fait un Géométre de la Fontaine ? je dis un médiocre Géométre. Assureroit-on que le grand Corneille eut été aussi heureux à résoudre des problêmes des sections coniques, qu'à peindre l'homme dans un point de perfection supérieure peut-être à l'héroïsme ? Enfin on lui soutiendra qu'une infinité d'hommes, qui ont pourtant appris à lire & à écrire, ont une inaptitude absoluë pour les sciences & qu'un grand nombre ne peut même parvenir à apprendre à lire : & cependant tous ces gens-là ont une mémoire plus que suffisante, pour conduire leurs affaires & telle qu'un autre homme qui n'en auroit pas davantage avec un cerveau mieux disposé, pourroit être ou très-spirituel, ou très-bon Géométre.

Tous les raisonnemens qu'il a accumulés dans le long texte dont j'ai l'honneur de vous occuper actuellement, Monsieur, ne peuvent tenir contre ces faits d'expérience connus de tout le monde. Il s'étaye d'un calcul, mais de quel calcul ? Il assure que tout homme peut concevoir la centième proposition avec la même facilité que la deuxième, parce que la deuxième est aussi distante de la première que la centième l'est de la quatre-vingt-dix-neuvième. En suivant ce raisonnement, on prouveroit qu'un homme qui léve quatre-vingt-dix-neuf livres de poids en levera cent, parce que la différence de quatre-vingt-dix neuf à cent est la même que celle d'une livre à deux ; mais les efforts ne doivent pas être estimés par les différences, celui qui léve un poids de deux livres, comparé à celui qui ne léve qu'une livre employe le double de force, & celui qui léve cent livres, comparé à celui qui ne peut porter que quatre-vingt-dix-neuf n'employe de plus qu'une quatre-vingt-dix neuvième partie de la force du dernier. Vous voyez, Monsieur, la solidité de l'analogie sur laquelle notre

Auteur se fonde; mais si cet excès de force qui est la quatre-vingt-dix-neuvième partie de la force employée à lever quatre-vingt-dix neuf livres manque, tel qui léve quatre-vingt-dix-neuf livres n'en pourra lever cent.

L'Auteur nous a rappellés, comme vous l'avez vu, Monsieur, à la doctrine des combinaisons, pour nous faire comprendre que quarente objets fourniroient à un homme un plus grand nombre de rapports qu'il ne pourroit en examiner pendant une longue vie. Il se mocqueroit, & à juste titre, d'un homme qui lui soutiendroit qu'en ajoutant un objet aux quarante, on n'augmenteroit le nombre de ces rapports que d'une unité, ou s'il lui disoit: vous sçavez qu'un dé ne peut donner que six coups; qu'on joigne un autre dé, vous sçavez qu'il en peut résulter 36 coups: de même si vous sçaviez combien quarante dés peuvent fournir de coups, vous ne trouveriez pas plus de combinaisons en en prenant quarante &

un, qu'il n'y en a de plus dans deux dés au-deffus des coups d'un dé.

L'Auteur fentira que l'application de cet exemple à fon raifonnement eft très-jufte, & que fi dans l'application le réfultat eft faux, c'eft parce que le raifonnement étoit faux.

Il ne voit donc pas que tel homme, qui joindra deux idées enfemble n'a pas affez de capacité pour en comparer quatre, que plus on avance dans la Géométrie, plus il faut raffembler d'idées pour parvenir à une propofition ultérieure; que plus on a d'idées plus il y a de choix à faire dans les ufages particuliers qu'on en veut tirer; que pour paffer de la premiére propofition d'Euclides à la feconde on n'a qu'un rapport à faifir, au lieu que pour parvenir de la quarante-fix à la quarante-fept, il faut rappeller les propofitions fur les paralléles, fur les angles femblables, fur les aires des figures, & imaginer quelles lignes il faut fuppléer dans la figure; que fouvent une vérité ne tient à la précédente, que par la méditation de 7 ou 8 autres. Et il n'est pas toujours facile de rassembler celles qui conviennent: car la Géométrie est une chaine de vérités; mais elle n'est pas en ligne droite. Je la comparerois aux chaînes des Armes de Navarre, où tout se tient non-seulement par des chaînons qui comme des rayons partent d'un centre commun, mais encore par d'autres chaînons de traverses par lesquelles un rayon communique à l'autre.

Il croit mieux rencontrer pour son étrange opinion, en prenant un problême de l'ordre moral. » Il faut examiner « dit-il, » si le dégré d'attention nécessaire pour » concevoir la démonstration d'une vé- » rité Géométrique ne suffit pas pour la » découverte de ces vérités qui placent » un homme au rang des gens illustres. « Ce problême, le voici, vous jugerez, Monsieur, s'il est fort propre à placer celui qui le propose & qui croit le résoudre au rang des personnes illustres. » Pour-

De l'Esprit, pag. 274.

» quoi les conquêtes injustes ne deshono-
» rent-elles point autant les nations que
» les vols deshonorent les particuliers ? «
C'est à peu près comme s'il demandoit pourquoi les brigandages des Arabes ne deshonorent pas ce peuple, pourquoi Mandrin n'est pas deshonoré, tandis qu'un voleur de grand chemin est en exécration. On contestera le fait. Nous aurons occasion d'examiner ailleurs la solution qu'il donne de ce problême ; mais nous le prierons d'avance de peser bien la différence d'un problême moral à un problême de Géométrie, & de méditer sur cette vérité d'expérience : un Mathématicien que rien n'arrête dans son genre d'étude, sentiroit souvent son incapacité lorsqu'il faudroit prendre un parti dans l'ordre moral & politique.

M. H***. ne se borne pas à soutenir que la capacité d'attention nécessaire pour atteindre aux vérités les plus sublimes est commune à tous les hommes communément bien organisés ; il veut de plus que

les hommes soient » tous capables non- De l'Esprit,
» seulement de l'attention vive, mais en- pag. 283.
» core de l'attention continuë qu'exige la
» découverte d'une vérité, " parce que la
continuité d'attention d'un enfant depuis
deux ans jusqu'à quatre, pour apprendre
sa langue; celle qu'il a depuis quatre jusqu'à six, pour apprendre à lire, suffit
pour s'élever aux plus grandes idées. N'y
a-t'il pas effectivement dans ces phénomènes qui nous sont communs à tous, de
quoi se récrier avec l'Auteur. » Quelle
» continuité d'attention ne faut-il pas,
» ou pour connoître ses lettres, les as-
» sembler, en forme des sillabes, en
» composer des mots; ou pour unir dans
» la mémoire des objets d'une nature dif-
» férente, & qui n'ont entr'eux que des
» rapports arbitraires, comme les mots,
» chêne, grandeur, amour; qui n'ont au-
» cun rapport réel avec l'idée, l'image ou
» le sentiment qu'ils expriment. Il est donc
» certain, « ajoute-t'il » que si, par la con-
» tinuité d'attention, c'est-à-dire, par la

» répétition fréquente des mêmes actes
» d'attention, tous les hommes par-
» viennent à graver fuccessivement dans
» leur mémoire tous les mots d'une lan-
» gue, ils font tous doués de la force &
» de la continuité d'attention nécessaire
» pour s'élever à ces grandes idées, dont
» la découverte les place au rang des hom-
» mes illustres. " Quelle induction ! Les
enfans apprennent méchaniquement leur
langue ; & dans certains pays la langue
ne comprend pas plus de cinq ou six cens
mots ; pas plus qu'une Péruche n'en peut
retenir, donc la même attention qu'ils ont
eue en apprenant leur langue fuffifoit à
l'âge de quatre ou cinq ans pour les élever à ces grandes idées, dont la découverte place au rang des hommes illuftres.
Quand on étendroit l'induction fur les Per-
roquets, qui apprennent tant de phrafes ;
qui fouvent les placent à propos ; qui par
leurs regards & leurs petites minauderies
y donnent un air de finesse, y auroit il fi
grand mal ?

Après avoir établi, avec le succès que vous l'avez vu, Monsieur, que tous les hommes ont la capacité d'attention, sont propres à la continuité d'attention, nécessaire pour leur faire atteindre aux plus grandes vérités, l'ordre méthodique exigeoit que pour plus grand éclaircissement, l'Auteur se proposât & résolût quelque objection : en voici une ; elle est réelle, & il la met dans tout son jour avec beaucoup de bonne foi : " Mais dira-t'on, si
" tous les hommes sont doués de l'atten-
" tion nécessaire pour exceller dans un
" genre, lorsque l'inhabitude ne les a pas
" rendus incapables, il est encore certain
" que cette attention coûte plus aux uns
" qu'aux autres : or à quelle autre cause,
" si ce n'est à la perfection plus ou moins
" grande de l'organisation, attribuer cette
" attention plus ou moins facile ? "

Il promet de répondre directement à cette objection, mais il oublie sa promesse, & développe fort bien les raisons qui font que d'un nombre d'esprits de même volée, très-peu réussissent, très-peu s'appliquent, très-peu sont engagés au genre d'étude auquel ils sont le plus propres, très-peu aiment en un mot à se servir de la capacité d'attention qu'ils ont. Enfin comme il a confondu l'Esprit avec ses usages, au lieu de rendre raison*de l'inégale capacité d'attention, il explique comment les hommes font inégalement usage de cette attention. C'est une méprise familiére à l'Auteur; & qui faisant l'ame de son Livre, est la source commune de tous ses Paralogismes : & le pire c'est qu'en prouvant ce qu'on ne lui conteste pas, au lieu d'établir ce qu'on lui nie; il le fait en accumulant paradoxes sur paradoxes.

„ Avant de répondre directement à cette objection, j'observerai que l'attention n'est pas étrangére à la nature de l'homme. « Cela fait beaucoup à la question, l'inégalité d'organisation n'est pas non plus étrangère à la nature de l'homme » qu'en général, lorsque nous croyons

„ l'attention difficile à supporter, c'est que
„ nous prenons la fatigue de l'ennui &
„ de l'impatience pour la fatigue de l'ap-
„ plication.

De l'Esprit Pag. 284.

L'ennui & l'impatience rendent plutôt inattentifs qu'elles ne rendent l'attention fatigante. Si l'opulence de l'Auteur lui eut permis de réfléchir profondément, il sçauroit combien l'attention vive & soutenuë coûte à la machine, & qu'après une méditation profonde de trois ou quatre heures à laquelle on a pris tant de plaisir, qu'on a cru à peine y avoir employé une demie heure, la machine est tellement épuisée, qu'il semble qu'on ne soit plus qu'un squelette qui n'a aucune consistance, toutes les articulations étant relâchées.

„ Ce qui rend l'attention fatigante,
„ c'est le motif qui nous y détermine. Est-
„ ce le besoin, l'indigence, ou la crain-
„ te ? L'attention est alors une peine. Est-
„ ce l'espoir du plaisir ? L'attention devient
„ alors un plaisir. Qu'on présente au mê-

» me homme deux Ecrits difficiles à déchiffrer; l'un eſt un Procès-verbal, l'autre eſt la Lettre d'une maîtreſſe : qui doute que l'attention ne ſoit auſſi pénible dans le premier cas qu'agréable dans le ſecond. » Ses exemples ſont toujours très-philoſophiques; mais il ſuppoſe fort gratuitement qu'il ſuffit que l'attention ſoit animée par le plaiſir pour qu'elle ne coûte rien au corps. Ignore-t'il que les études pour leſquelles on eſt le plus paſſionné, épuiſent la tête, affoibliſſent la ſanté, & qu'étant trop pouſſées, elles font parvenir auſſi ſûrement que la débauche à l'imbécilité, avant l'âge décrépite.

Puiſqu'il faut préſenter à l'Auteur les exemples qui lui ſont le plus familiers; j'oſe lui dire que tel Amant le plus paſſionné, capable peut-être des travaux d'Hercule, pour obtenir en mariage l'objet de ſa paſſion ne pourroit apprendre parfaitement les Mathématiques, s'il ne pouvoit l'obtenir qu'à ce prix. Tant il eſt vrai que le déſir n'eſt pas le diſpenſateur du degré d'at-

SUR L'ESPRIT. 143
tention nécessaire pour parvenir à des connoissances, quoique l'Auteur nous l'ait insinué plus haut.

» L'on peut donc résoudre le problème
» d'une attention plus ou moins facile ;
» sans avoir recours au myſtère d'une iné-
» gale perfection dans les organes qui la
» produiſent. Mais en admettant même à
» cet égard, une certaine différence dans
» l'organiſation des hommes, je dis qu'en
» ſuppoſant en eux un déſir vif de s'inſ-
» truire ; déſir dont tous les hommes ſont
» ſuſceptibles, il n'en eſt aucun qui ne ſe
» trouve alors doué de la capacité d'atten-
» tion néceſſaire pour ſe diſtinguer dans
» un art. « A cette occaſion je prie M.
H***. de me répondre de bonne foi. N'eſt-
ce pas dans le fait par l'organiſation du
cerveau qu'un tel eſt de bon ſens, que
tel autre eſt imbécille, qu'un troiſième
eſt fol, & que lui-même veille, tandis
qu'un autre homme dort. L'organiſation
de notre cerveau eſt un myſtère pour
nous. J'en conviens ; mais il n'en eſt pas

moins certain que la capacité d'attention dépend de cette organisation : or j'ose encore lui demander, s'il peut supposer que l'organisation dans tous les hommes qui ne sont ni fols, ni insensés, est parfaitement égale ? Je ne le crois pas : il est trop visible que les têtes n'ont ni la même forme, ni la même grosseur, que la capacité ou l'intérieur de la tête est plus ample, plus retrécie dans les uns que dans les autres, que comme deux arbres de même espèce, n'ont jamais ni leurs racines ni les chevelures de leurs racines dans le même nombre, dans la même disposition les unes à l'égard des autres dans les mêmes dimensions, on ne peut supposer que les racines des nerfs & leurs chevelures, c'est-à-dire, les fibres nerveuses en quoi consiste précisément le système organique de la sensation soient dans le même nombre, soient entrelassées de même, ayant les mêmes dimensions, soient montées exactement au même ton dans tous les hommes, enfin qu'elles soient
susceptibles

susceptibles des mêmes jeux physiques : donc concluerai-je, l'organisation, d'où dépend la capacité d'attention dans l'homme, étant plus parfaite dans les uns que dans les autres, la capacité d'attention doit être inégale.

L'Auteur résout ensuite son objection par sa question même selon l'argument qu'on appelle dans l'Ecole *pétition de principe*; & qui est dans ce siécle une maniére de raisonner fort à la mode. « En » effet si le désir du bonheur est commun » à tous les hommes; s'il est en eux le » sentiment le plus vif, il est évident que » pour obtenir ce bonheur, chacun fera » toujours tout ce qu'il est en sa puissance » de faire : or, tout homme comme je » viens de le prouver, est capable du » dégré d'attention pour s'élever aux » plus hautes idées : il fera donc usage » de cette capacité d'attention, lorsque, » par la législation de son païs, son goût » particulier, ou son éducation, le bon- » heur deviendra le prix de cette atten-

» tion. Il fera, je crois difficile de résister » à cette conclusion. » Pas si difficile, & voici comme je lui parlerois. Je vous dis, Monsieur, que vous n'aurez prouvé que tous les hommes ont une capacité d'attention propre à les élever aux plus hautes idées qu'autant que vous aurez démontré qu'ils ont tous une égale facilité à se rendre attentifs & à soutenir leur attention. Et vous me dites; il est constant que cette facilité est égale, parce que j'ai prouvé que tous les hommes ont une égale capacité d'attention. Est-ce raisonner ?

Les encouragemens feront assûrément valoir l'homme d'esprit ou de génie ; mais je ne puis convenir qu'ils fassent un grand Poëte, un grand Orateur, un grand Historien de celui qui n'a apporté en naissant aucunes dispositions à ces sublimes talens. Les chercheurs des bons esprits sont plus rares que l'Esprit: Je l'avouë. Que d'hommes nés avec les plus heureuses dispositions rampent dans la poussiére, & employent à des travaux méchaniques, vils, communs, un esprit propre aux plus grandes choses ; que de génies formés ne travaillent que pour eux, n'ont rien qui les sollicite à faire part de leurs lumiéres, dans les lieux où l'émulation n'est point excitée. Combien la fausse maxime qu'un Auteur est toujours bien payé par le plaisir qu'il a eu à composer, & par la réputation qu'il s'acquiert, retient-elle de mains bienfaisantes & de mains habiles? mais quelque législation qu'on propose, n'accordât-on les dignités, les honneurs, les richesses qu'au mérite ? Législation impraticable ! cette législation employera l'esprit, elle ne laissera point inutile ceux qui auront du génie, elle développera des talens, des dispositions. Mais elle ne créera jamais ni esprits, ni talens, ni dispositions.

J'ai un problême à proposer à l'Auteur, & il me paroît bien propre à lui dessiller les yeux. Quelles récompenses, quelles attraits, quels houris faudroit-il proposer à un homme donné pour en faire un Voltaire ?

K ij

L'Auteur accumule écarts sur écarts, il confond l'attention avec la contention. » Interogeons « dit-il » les gens de lettres, » ils ont tous éprouvé que ce n'eſt pas » aux plus pénibles efforts d'attention qu'ils » doivent les plus beaux vers de leurs » Poëmes, les plus ſinguliéres ſituations de » leurs Romans, & les principes les plus » lumineux de leurs ouvrages Philoſo- » phiques. « Cela eſt très-vrai. Les génies heureux travaillent ſans contention, mais non ſans beaucoup d'attention. La con- tention eſt pénible, elle tient le cerveau dans un état violent ; l'attention le monte ſur un ton naturel. L'homme de génie n'employe pas toutes ſes forces pour trou- ver de belles choſes : il n'a pas beſoin d'être capable de contenſion. L'homme médiocre met tout ſon pouvoir, le force quelquefois pour ne donner que du com- mun. Autre preuve d'expérience que l'i- négalité de capacité d'attention ne déci- de pas de la différence des eſprits. La con- tenſion eſt la plus forte attention : or cette forte attention neceffaire à l'homme médiocre ne l'eſt pas à l'homme d'eſprit, &c. Mais il ne s'enſuit pas pour cela que l'homme d'eſprit donne des choſes excellentes ſans attention.

„ Ils avoueront qu'ils les doivent à la „ rencontre heureuſe de certains objets „ que le hazard met ſous leurs yeux, ou „ préſente à leur mémoire... Il eſt donc „ certain que le génie eſt moins le prix „ de l'attention qu'un don du haſard, qui „ préſente à tous les hommes de ces idées „ heureuſes, dont celui-là ſeul profite qui „ ſenſible à la gloire, eſt attentif à les ſai- „ ſir. " Voilà certainement un double paradoxe. Le génie, don du haſard : le haſard préſentant à tous les hommes des idées heureuſes.

Vous ſçavez, Monſieur, & mieux qu'un autre, que ſouvent les plus ſublimes vérités ſe préſentent inopinément à l'homme de génie ; quoiqu'il ne les ait pas cherchées, ou dans le tems que par déſeſpoir il en avoit abandonné la pourſuite. Il ſemble qu'il entende quelqu'un qui lui apprenne ces vérités : car il sent qu'il les reçoit. Il est saisi d'admiration, certainement il ne s'y méprend pas. Il adore. C'est son premier mouvement. Mais ! Hélas l'amour propre lui fait bientôt perdre de vuë la main bienfaisante qui l'a enrichi. Ingrat, il se replie sur lui-même, & se respecte comme le Créateur de la vérité qu'il a reçuë. Je dis cela à peu de personnes ; parce que bien peu sont dans le cas de se surprendre dans ces momens précieux.

Un homme d'une espèce si rare ne souffriroit pas patiamment qu'on lui soutînt que la maniére dont il a reçu cette vérité sublime, peut être comparée à ce qui arriveroit à un enfant qui ne connoissant aucune lettre prendroit à l'aventure des caractères dans une Imprimerie, & les arrangeant en ligne en formeroit une phrase qui renfermeroit un grand sens.

Suivons cette comparaison, elle peut jetter un grand jour sur la matiére que nous traitons. Qui parieroit un million de livres contre un Louis que l'enfant en question, en continuant de jouer avec des caractères n'exprimeroit pas une grande vérité rélative à une science dont les spectateurs s'entretiendroient en voyant badiner l'enfant, ne parieroit-il pas à coup sûr ? Feroit-on le même pari en traitant les mêmes sujets devant M. de Voltaire. Je m'explique. M. de Voltaire ne connoît pas mieux les caractères auxquels ses idées sont liées dans son cerveau, que l'enfant ne connoît les caractères d'Imprimerie; moins encore puisque l'enfant voit les lettres; & que M. de Voltaire ne sçait rien des signes déposés dans son cerveau : hasarderoit-on un Louis contre un million qu'il ne sortiroit pas du cerveau de M. de Voltaire quelque trait vif de lumière ? Pourquoi non ? C'est qu'on connoît la trempe du génie de notre Poëte Philosophe. S'il étoit possible de voir dans la tête de cet homme célèbre tous les signes qui forment le fond occasionnel de son génie, de son imagination, de sa mémoire, on verroit infiniment plus de ces signes qu'il n'y a de caractères dans l'Imprimerie la mieux fournie, & l'on comprendroit que de choisir à coup sûr parmi tous ces signes, ceux qui doivent former une réponse sublime à la question qu'on lui fait, est une toute aussi grande merveille, & qu'on peut aussi peu rapporter au hasard, que le miracle d'un enfant qui ne connoissant aucun des caractères de l'Imprimerie, en formeroit à coup sûr des réponses satisfaisantes, aux questions les plus difficiles qu'on lui feroit sur toute sorte de science. Pourroit-on rapporter ce prodige au hasard ? Notre ame est placée dans un ample magasin de tableaux, & de caractères où elle ne voit rien, où elle ne touche rien. Quelle desire de connoître quelques objets de ces tableaux, ils lui sont presentés, elle est obéie. Qu'elle veüille se rappeller quelque sentence, les signes propres à l'exprimer sont mis en jeu. Or appelle-t'on hasard ce qui arrive sûrement, & comme il nous plaît de le souhaiter.

M. de Voltaire ne regardera pas comme une impolitesse la liberté que je prends de le choisir pour donner un exemple. Il sçait que les grands hommes font un fond qui appartient au Public, & que ce sont des modèles que tout le monde a droit de proposer quand il lui plaît. Oh que cette tête si sçavamment organisée doit au Dispensateur de toute lumière ! C'est un homme de cette espèce que je dois intéroger sur la maniére inopinée dont la vérité se montre dans son éclat, & dans sa majesté aux grands génies, dans les tems même où ils ne la cherchent point, où ils ne l'attendent point. Les éclairs partent du Ciel. J'ose assurer que cet Ecrivain si familier avec le sublime reconnoîtra dans sa propre expérience, ce que j'ai dit de ces apparitions subites & heureuses de la vérité. *

Mais tout instrument de musique, n'est

* Comme je rends justice à M. de Voltaire sur le sublime qui caractérise plusieurs de ses Ecrits ; il s'en faut bien que j'approuve tous ses travaux Philosophiques, & antiphilosophiques.

pas excellent, & tout bon inſtrument n'eſt pas toujours d'accord. Il faut non-ſeulement qu'une tête ſoit bonne, mais encore qu'elle ſoit montée au ton convenable pour être bien jouée. Si la tête eſt bonne, malheur à l'ame à qui l'inſtrument appartient, & qui exige de l'Organiſte intérieur qu'il tire des jeux qui ſeront propres à la vérité à donner des ſons très-harmonieux à l'oreille, mais très-diſſonnans à la raiſon. Hélas à quels bons eſprits ce malheur n'atrive-t'il jamais!

Revenons à notre Auteur: le haſard eſt, ſelon lui, le grand mobile du monde moral. Pourroit-il nous dire ce que c'eſt que le haſard? Il ne le ſçait pas, non plus que tant d'autres qui appellent haſard toutes les cauſes dont ils ignorent l'enchaînement, ou le concours. Nul haſard dans tout ce qui eſt néceſſaire. On ſe moc-queroit d'un homme qui ne pouvant comprendre les cauſes de l'expérience de Leyde, rapporteroit au haſard ce phénomène ſurprenant; le haſard tient à

SUR L'ESPRIT. 155

une cause libre, quelle quelle soit.

Prenons un exemple familier. Je mets deux dés dans un cornet sans voir qu'elle est leur disposition, sans sçavoir, si la face tournée vers le fond du cornet est, par exemple, un 6 dans l'un & un 3 dans l'autre : je les remuë par des secousses dont je ne détermine pas le nombre, & souvent avec distraction, j'ignore tout ce qui se passe dans le cornet, mais tous les mouvemens y sont nécessaires. Je ne me précautionne point & la précaution seroit fort inutile, dans la maniére dont je les lance sur le Trictrac. Un des dés présente la face du 6 ; l'autre piroitte longtems sur un de ses angles solides, enfin il s'arrête & présente la face du cinq, il vient cinq, c'est un coup de hasard disons nous. Et nous remercions, ou nous invectivons je ne sçai quel être qui préside à ce hasard. Quelle stupidité est la nôtre ? Dieu voit que ce coup est le résultat de tous les mouvemens que notre volonté à déterminés, & le résultat nécessaire de ces mouvemens. C'est donc nous qui sommes la cause de ce hasard, qui sommes ce Dieu contre lequel nous nous emportons, ou que nous remercions. Oui c'est nous-mêmes. Mais nous mêmes voulant faire quelque chose à l'aveugle & sans sçavoir quel événement nos procédés détermineront ; mais telle combinaison supposée de nos procédés a emmené nécessairement tel coup. Le sort aveugle, c'est notre liberté peu éclairée, & qui se fait un jeu d'agir dans les ténébres.

Que le hasard présente à tous les hommes des idées heureuses, c'est un fait démenti par l'expérience, comme j'ai osé le soutenir à l'Auteur. Les plus grands hommes n'ont pas toujours de l'esprit ni du génie, parce que leur cerveau n'est pas toujours monté au ton nécessaire pour cela. Mais combien de cerveaux ne connoissent pas ce ton là, & dont les fibres seroient rompuës, si l'on tentoit de les y mettre : comme il arrive, lorsque la volonté orgueilleuse du Sçavant contraint en quelque forte le Créateur à forcer les cordes de l'inftrument.

Quelle eft donc la caufe de ce coup de hafard que notre Auteur croit être le difpenfateur des traits de génie. C'eft nous, c'eft Dieu : nous qui demandons par nos défirs d'être éclairés fur une certaine matiére. Nos défirs font l'occafion fur lefquels certaines fibres nerveufes font montées & certains fignes font préfentés fuivant que ces fignes font en ordre, qu'ils font en grand nombre, que ceux qui ont rapport à la matiére y font bien marqués. La vérité fe préfente à vous, vous ne fçavez comment. Mais Dieu voit ce que le ton de votre cerveau permet par rapport à l'exécution de votre volonté ; & fuivant les loix de l'union, de l'ame & du corps, il vous préfente la vérité que vous cherchez. Hafard pour vous en ce qui tient à votre ignorance, mais du côté de Dieu, effet déterminé des loix qu'il a pofées.

Rien ne vous occupe. Aucun objet d'étude ne vous eft préfent. Mais votre cerveau est monté sur le meilleur ton, & sur celui sur lequel il exige d'être joué, sur celui qui occasionne cette secrette inquiétude, qu'on peut appeller la faim de la vérité, ou le désir de découvrir une vérité de quelqu'ordre que ce soit. Pour rassasier votre curiosité, un objet se présente inopinément, soit que vous le rencontriez en vous promenant sans dessein, soit qu'il vous soit présenté par la volonté d'un autre homme, à cette occasion une nouvelle idée vous est offerte. Mais à l'occasion de l'ordre de votre cerveau, elle doit réveiller deux autres idées qui y étoient déposées & en regard : il leur manquoit cette idée nouvelle, pour former cet assortiment admirable d'où nait une grande vérité. Le rapport subit de ces trois idées vous éblouit comme un éclair. Voilà la vérité importante que vous ne cherchiez point & qui vous prévient contre toute attente ; hasard pour vous qui tient à l'ignorance où vous êtes de l'état de votre cerveau ; événement déterminé & nécessaire aux yeux de Dieu qui voit l'état actuel de votre cerveau, comparé aux loix naturelles de l'ame & du corps.

Mais vous avez manqué une découverte ; vous y avez renoncé de dépit ; vous n'y penfez plus. Les efforts que vous aviez fait fur votre cerveau, avoient fait éclore un figne propre à affurer le fuccès de votre méditation, mais fi rapidement que vous n'en avez pu faire ufage. Vous y touchiez, vous le faififfiez. Mais les parties voifines de ce figne étoient trop bandées pour ne pas fe rétablir fubitement & pour ne pas effacer, pour ainfi dire, ce figne précieux.*

Ainfi l'action forte de deux doigts de l'Organifte fur le clavier, eft caufe qu'un troifième doigt n'ébranle que très-foiblement une touche effentielle à l'harmonie, difficile à abbaiffer, parce que le tuyau auquel elle répond eft nouvellement pofé & n'a pas encore été joué. Le doigt gehenné par la forte action des deux autres, &

* C'eft ce qui arrive, lorfqu'on dit familiérement ; j'ai le mot au bout de la langue.

trouvant une résistance à laquelle il ne s'attend pas, est dans un état un peu convulsif; ensorte qu'au lieu de péser d'une maniére continuë en redoublant d'effort, il le fait à diverses petites reprises, alternatives; fait plusieurs petites actions au lieu d'une, ne fait qu'entr'ouvrir & fermer rapidement le tuyau, il n'en sort que de foibles sons que l'Organiste soupçonne plutôt qu'il ne les entend; & qui échappent trop vîte à son oreille pour qu'il puisse en décider le ton: mais l'Organiste revient-il quelques jours après à tâter son orgue, il appuye le doigt sans en partager la force sur la touche, avec les autres doigts, le tuyau vivement ouvert rend un son très-distinct, & a acquis parfaitement le facilité d'être joué; à laquelle la premiére tentative ne lui avoit donné que des dispositions.

De même le signe répondant à l'idée que vous aviez tenté vainement de réveiller dans votre derniére méditation a acquis quelque facilité à se montrer par vos tentatives infructueuses. Actuellement

ment, votre cerveau est calme, les esprits y jouent sans vos ordres, mais avec régularité & sans tumulte. Ils tombent sur la partie où est le signe précieux, & le réveillent seul: mais ce même signe avoit, pour ainsi dire, quelqu'intelligence avec ceux des deux premiéres idées que vous aviez tenté de lier. Toutes trois réveillées à la fois, tandis que le reste du cerveau est calme, vous présentent la vérité tant désirée; & dans tout son éclat. Hasard encore un coup du côté de votre ignorance, effet nécessaire & déterminé pour Dieu. Car ce jeu des esprits que vous appellez casuel, & qui a réveillé le signe dont vous aviez besoin, étoit ammené nécessairement par les loix de l'union, sur la disposition actuelle de votre cerveau.

Ces détails étoient nécessaires, Monsieur, pour tirer de l'ordre des miracles ces communications inopinées des grandes vérités que Dieu donne aux grands génies: on a reproché avec quelque justice à Malebranche, d'avoir fait du commerce de Dieu avec l'ame dans la méditation une forte de communication furnaturelle. Dans le cours ordinaire des chofes nos découvertes & nos connoiffances font déterminées par les loix naturelles de l'union de l'ame & du corps, qui réglent le jeu organique du cerveau. Tout inftrument eft fait pour être joué d'une certaine maniére ; notre cerveau eft un inftrument fait pour être touché par le Créateur, & fa difpofition actuelle décide naturellement de la maniére dont il doit être joué dans les cas mêmes où notre volonté ne lui demande rien.

J'ai dit dans le cours ordinaire des chofes. Car le Créateur ne s'eft pas aftreint par les loix généralles à ne rien opérer fur notre cerveau que conféquemment à ces loix. Tout homme qui n'eft pas indifpofé contre l'influence naturelle de Dieu fur nous, & qui dans des circonftances délicates s'eft fenti tout à coup éclairé fur le moyen unique de fe tirer d'embarras, auroit bien de la peine à penser que cette vuë eut été occasionnée par la disposition de son cerveau, dans le moment auquel le péril présent a donné une violente secousse qui a dû tout confondre. En secret il reconnoît une attention particuliére de la Providence, tout haut il ose rapporter à un heureux hasard le parti qui lui est venu dans l'esprit.

Mais dans les cas ordinaires, où les bons esprits découvrent inopinément des vérités sublimes en conséquence du jeu naturel des esprits dans leur cerveau, ils n'en doivent pas moins une reconnoissance spéciale à la bonté du Créateur, dont les vuës génerales embrassent la connoissance distincte des moindres détails. Ainsi tout bien, qui découle sur nous des loix génerales, est un bienfait particulier de celui qui a construit notre cerveau, & qui le régle.

Ajoutons trois exemples sur les mauvais succès dans la recherche de la vérités rapporté à la malignité du hasard. Tel homme, n'ayant pas la moindre teinture de la Géométrie, veut découvrir le rapport du quarré de l'hypothenufe d'un triangle rectangle au quarré fait fur fon côté, parce qu'on lui a dit que cette découverte feroit très-belle. On lui fait la figure, & il fe fatigue pour trouver de lui-même cette vérité. Peine inutile! lui dirai-je. Aucun figne dans votre cerveau n'eft propre à occafionner la préfence des élémens de la démonftration que vous cherchez. Votre cerveau eft bandé. Mais cet effort ne produira rien, il fera toujours infructueux. Le Créateur vous laiffe dans votre ignorance. Quel hafard y a-t'il en cela ?

Un Géométre novice tente de fixer le rapport au jufte du diamétre à la circonférence, il y a dans fon cerveau des caractéres Géométriques, & Algébriques. Il les face, pour ainfi dire, il en réfulte une fuite de calculs fort compliqués, dans lefquels il lui échappe quelque négligence méchanique, dont il ne s'apperçoit pas.

Il parvient à une formule : voilà le véritable rapport du rayon à la circonférence ; c'est moi qui l'ai trouvé, se récriera-t-il. Erreur ! fruit nécessaire d'un moment d'inattention, d'un faux calcul. Appellez-vous cela l'effet de la malignité du hasard ? vous êtes le principal Agent dans votre erreur. Mais rien dans votre cerveau n'a été joué à l'aventure par le Créateur.

Enfin un troisième veut composer un grand ouvrage, mais il croit analyser, quand il divise sa matiére, comme un homme qui ayant réduit un mixte en poudre impalpable, s'imagineroit être parvenu à l'analyser en chymiste : ou bien sous prétexte de dépouiller son objet de tout ce qui est étranger, il le dépouille de propriétés essentielles, le réduit à l'idée abstraite de l'être en général, & le distingue de tout ce que nous connoissons. Il part d'une supposition vague qu'il regarde comme universelle, il prend des effets pour des causes. Il n'a point de méthode, & n'en veut point avoir, de peur de paroître minucieux. Il raſſemble trop d'idées, pour pouvoir en ſaiſir diſtinctement les rapports. Il écrit nettement, il prend la clarté du ſtile pour l'éclat de la vérité. Il fait un ouvrage déteſtable. Eſt-ce le haſard qui en eſt la cauſe. Non. On commande mal au pilote, le vaiſſeau fait une fauſſe route, & va ſe briſer contre des écueils, il n'y a point là de haſard; tout a marché comme il le devoit. Vous voulez doubler une bille, & vous lui préſentez le billard, d'une maniére toute contraire à la diſpoſition, que vous devez lui donner pour l'effet, que vous vous propoſez; & vous faites un coup de trois. Quel malheur! vous recriez-vous. Le malheur c'eſt que vous ne ſçavez pas jouer.

Après les obſervations que l'Auteur nous a étallées, & de la vérité deſquelles vous ne conviendrez jamais, M., il en revient à ſon principe favori. Dans ce ſiécle on multiplie les mots, & l'on croit avoir prouvé. » Je répéterai donc que, si l'attention » la plus pénible est celle que suppose la » comparaison des objets qui nous sont » peu familiers, & si cette attention est pré- » cisément de l'espéce de celle qu'exige » l'étude des langues, tous les hommes » étant capables d'apprendre leur langue, » tous par conséquent sont doués d'une » force & d'une continuité d'attention » suffisante, pour s'élever au rang des hom- » mes illustres. «

De l'Esprit, pag. 287.

En vérité, la raison qu'il rapporte de l'aptitude égale dans tous les hommes pour fournir la carriére des hommes illustres est si pitoyable, que je ne peux m'empêcher de soupçonner qu'il l'appuye sur quelque principe plus spécieux. Car l'erreur roule toujours au tour de quelque vérité, tâchons de démêler ce principe secret. Ne seroit-ce point celui dont conviennent les Philosophes; que toutes les ames sont égales. L'Auteur sent qu'en ce qu'elles ont de passif, elles sont toutes susceptibles de toute sensation, & de

L iv

tout dégré de sensation. Il en conclud probablement que tout homme est capable des plus hautes idées. Eclairons-le présentement sur la fausse application qu'il fait d'un principe vrai, après l'avoir convaincu de s'être mépris dans l'application qu'il fait de la facilité qu'ont tous les hommes d'apprendre quelque langue que ce soit.

M. H***. ne fait pas réflexion que l'homme est composé de deux substances, d'une ame & d'un corps organisé, que dans chaque homme l'organisation est différente, comme la forme des visages, qu'elle varie dans le même homme ; l'enfant & le viellard étant presqu'également incapables d'application (selon l'Auteur les limites de l'usage de l'esprit sont l'âge de 40 ans) que, selon la disposition du cerveau plus ou moins parfaite, l'ame reçoit plus ou moins d'idées avec plus ou moins d'ordre, est capable de combiner, & de comparer plus ou moins d'objets ; de donner une attention plus ou moins forte, plus ou moins soutenuë : dans un même jour ces variétés sont sensibles. Un homme de génie aura l'esprit net le matin, qu'il boive à jeun un demi verre de vin, il sera hors d'état de méditer & de composer. Après le diner combien d'exellentes têtes sont incapables d'une forte occupation! D'un jour à l'autre qu'elle énorme différence dans la facilité du travail de l'esprit! Or, dans un grand nombre, le cerveau est habituellement dans cet état qui ne permet pas d'application à des personnes très-éclairées, dans de certains momens. Le cerveau des jeunes gens bouillans, & inappliqués est continuellement dans cet état, où le voisinage de l'yvresse jette un homme froid & sensé.

Nous accorderons donc à l'Auteur que la capacité de recevoir des sensations & des idées est illimitée dans l'ame. Mais il faut qu'il nous accorde à son tour que les organes, du jeu desquels dépendent les idées, l'ordre des idées, la comparaison des idées, & l'attention sont limités, n'ont qu'une capacité bornée de recevoir des signes, & de les reproduire : donc en général la capacité de notre ame quoiqu'immense en elle même, est bornée par son union avec le corps. De plus cette organisation est plus ou moins parfaite, on n'en sçauroit douter : donc encore en vertu de la même union, la capacité d'idées & d'attention doit être diverse dans différentes personnes. En différens tems, elle est encore plus ou moins grande dans le même homme.

Je ne lui oppose pas des observations fort neuves, vous vous le dites tout bas, Monsieur ; mais peut-on produire du neuf sur une matière si commune ? L'Auteur feint d'ignorer cette doctrine, il ne sçait pas si l'homme est un être simple, ou un composé de deux substances unies, s'il y a des cerveaux & des nerfs, si notre capacité dépend de jeux organiques, & cette ignorance qu'un si grand nombre de nos Philosophes affectent avec un air de réserve très-étudié, est la source de tous les paralogismes de notre Auteur.

Il ajoute une dernière preuve de sa doctrine, elle porte à faux comme les autres. » Il ne me reste, pour derniére preu- » ve de cette vérité, qu'à rappeller ici » que l'erreur, comme je l'ai dit dans » mon premier Discours, toujours acci- » dentelle, n'est point inhérente à la na- » ture particuliére de certains esprits; d'où » il suit que tous les hommes sont par la » nature, doués d'un esprit également ju- » ste, & qu'en leur présentant les mêmes » objets, ils en rapporteroient tous les mê- » mes jugemens. « Nouveau paradoxe tout aussi intolérable que les précédens.

De l'Esprit, pag. 287.

C'est la précipitation qui nous fait tomber dans l'erreur, surtout quand elle naît d'une confiance aveugle fondée sur la supériorité de nos lumiéres. On imite les Juges qui veulent prononcer avant que la cause soit instruite. Mais l'ignorance & la foiblesse de l'esprit concourent presque toujours dans l'erreur. On tombe dans le précipice, parce qu'on n'a pas la vuë longue, & qu'on n'a pas apperçu le danger; ou parce qu'on voit trouble; & qu'au lieu du vuide qu'on a devant soi, on ne voit qu'un plein que l'on croit solide & ferme : or comme certaines vuës ne sont pas nettes, de même certains esprits, en conséquence de l'organisation vicieuse du cerveau, voyent tout confusément. Les petits esprits ont peut-être plus d'idées à la fois que n'en a un grand génie; mais ils les voyent comme à travers d'un brouillard sans les distinguer : elles sont, pour ainsi dire, une masse pour eux; un unique objet, où ils n'apperçoivent point une multitude innombrable de rapports. Ils se trompent, parce qu'ils voyent mal, & qu'ils ne peuvent voir mieux. Or un tel esprit est-il juste ? Il y a des hommes en qui l'imagination domine, & qui prennent tout ce qu'ils pensent pour des réalités; ont-ils l'esprit juste ? Ce ne sont pourtant pas des hommes médiocres. Enfin tel homme capable de joindre peu d'objets, & de rai-

sonner juste, perdra la justesse de son esprit, s'il est appliqué à plus d'objets qu'il n'en peut comparer. Il s'en faut donc du tout au tout que je puisse convenir avec l'Auteur » que tous les hommes qu'il ap-
» pelle bien organisés étant nés avec l'es-
» prit juste, ils ont tous en eux la puis-
» sance physique de s'élever aux plus hau-
» tes idées. «

Après nous avoir conduits par mille longs circuits pour nous mettre à même de découvrir la cause de l'inégalité des esprits, l'Auteur nous raméne au même point, & nous fait encore essayer un peut-être : » La grande inégalité des esprits dé-
» pend peut-être, du désir inégal qu'ils
» ont de s'instruire. Mais dira-t'on, ce dé-
» sir est l'effet d'une passion : or si nous ne
» devons qu'à la nature la force plus ou
» moins grande de nos passions, il s'ensuit
» que l'Esprit doit en conséquence être
» considéré comme un don de la nature «
& c'est ce qu'il ne veut point.

Quand on sçait que l'Auteur rapporte

nos mauvais raisonemens & nos erreurs aux passions, on ne sçauroit soupçonner qu'il veuille tirer de la même fontaine de l'eau bourbeuse & empoisonnée, & de l'eau limpide & salubre. Mais il peut faire de nos passions un instrument, qui, suivant la main qui sçaura le manier, intéressera l'homme à cultiver, ou à négliger son esprit; à poursuivre la vérité, ou l'erreur, & tel est son but.

De l'Esprit, pag. 367.

Il avance encore & soutient toujours du même ton, ” que tous les hommes sont ” susceptibles de passions assez fortes pour ” les douer de l'attention soutenuë à la- ” quelle la supériorité de l'esprit est at- ” tachée. “

Il n'est pas nécessaire d'attaquer ce nouveau paradoxe. En prouvant que de l'organisation du cerveau dépend l'inégalité de l'esprit & de la capacité d'attention, j'ai indiqué suffisamment la cause de l'inégalité des caractéres; pourquoi un homme naît colère, pourquoi l'autre apporte la douceur en naissant, pourquoi l'un a un naturel vif, pourquoi l'autre est lent, pourquoi l'un est avare, dès qu'il connoît l'argent, pourquoi l'autre est prodigue, &c. Le caractére est en quelque sorte l'assortiment des passions, il est décidé par celle qui domine. Ces faits sont trop communs & suffisent pour prouver que tel homme naturellement passionné d'une certaine maniére ne l'est pas d'une autre, & que la nature a mis autant de différences entre les caractéres, qu'entre les visages. Toutes les passions ne sollicitent pas à la culture de l'esprit, la plûpart en détournent, & le goût de l'étude est une passion singuliére qui ne tient guères à toutes les autres, & qui prend toujours sur elles. Il falloit donc que l'Auteur s'énonçât ainsi. » Tous les hommes » sont doués d'une passion assez forte » pour les douer de l'attention soutenuë » à laquelle la supériorité de l'Esprit est » attachée: s'il eut rendu ainsi, sa proposition, » nous derire, comme il s'exprime un peu trivialement dans une note.

Je ne le fuivrai point dans tout ce qu'il nous débite fur les paſſions : c'eſt une enfilade de penſées toujours plus biſares. Le goût des plaiſirs phyſiques, comme il les appelle, & il indique toujours celui qui pique le plus les jeunes gens portés à la licence, anime toutes les paſſions, l'ambition, l'avarice, l'amour de la gloire. Un grand Miniſtre ne roule de grands projets que dans la vuë de trouver plus de facilités auprès des femmes. Envain l'âge enlève toute eſpérance de réuſſite de ce côté-là, tous y viſent. Telles étoient les eſpérances de Céſar, lequel en courant dans la carriére de la gloire, dût ſentir qu'il n'étoit pas néceſſaire de mettre ſa patrie dans les fers, pour ſatisfaire à ces ſortes de paſſions. Il faut bien auſſi que Pompée ait été guidé dans ſes exploits, par les mêmes vuës, quoiqu'il fut très-oppoſé à la débauche. En un mot dans le Livre de l'Eſprit, comme dans les Romans, l'amour ſeul fait les Héros. Il n'en excepte que Charle XII. qui ne fut animé mé à ses hautes entreprises que par la haine de l'ennui. Et si l'on suit ses principes, c'est encore l'espoir des plaisirs sensuels qui a produit les Licurgue, les Pélopidas, les Homére, les Archiméde, les Milton ; qui forme les grands Ministres & les grands Législateurs. Si notre siécle ne trouve pas ces idées très-ridicules, il faut qu'il le soit beaucoup lui-même.

Je me fixerai donc à parcourir quelques-unes des singularités qu'il débite. Il distingue des passions naturelles liées à nos besoins, & des passions factices qui naissent des communications que les hommes ont entre eux. Ensuite il examine quels principes agissent sur l'ame. La haine de l'ennui, & les passions sont ces forces actives, une autre puissance est la paresse par laquelle l'homme » gravite sans cesse » vers le repos, comme les corps vers un » centre ; attiré sans cesse vers ce centre, » il s'y tiendroit fixement attaché, s'il » n'en étoit à chaque instant repoussé par » deux sortes de forces qui contrebalan-

De l'Esprit, pag. 290.

I. Partie. M

„ çent en lui celles de la pareſſe & de
„ l'inertie, & qui lui ſont communiquées,
„ l'une par les paſſions fortes, & l'autre
„ par la haine de l'ennui. « Des figures
tirées de la Philoſophie de Newton ſont
bien neuves dans notre Langue. Mais puiſqu'il faut s'exprimer d'une maniére figurée,
il me ſemble que ce n'eſt qu'à un certain
âge, que l'on ſent la force d'inertie dont
il parle, & que l'on gravite vers le repos.

Ainſi M. H***. ne compte pour rien
l'amour de la vérité, ni le déſir de perfectionner notre intelligence comme ſi notre déſir du bien-être n'avoit pas pour objet la ſatisfaction de notre curioſité naturelle ; enfin après avoir tourné autour
de ſon objet, & avoir employé plus de
220 pages à nous expliquer ce qui n'eſt
pas cauſe de la variété des eſprits il nous
dit ſon propre ſentiment. „

De l'Eſprit, „ L'inégalité d'eſprit qu'on remarque
pag. 472. „ entre les hommes dépend donc & du
„ gouvernement ſous lequel ils vivent,
„ & du ſiécle plus ou moins heureux où

» ils naissent, & de l'éducation meilleure
» ou moins bonne qu'ils reçoivent, & du
» désir plus ou moins vif qu'ils ont de se dis-
» tinguer, & enfin des idées plus ou moins
» grandes, ou fécondes dont ils font l'ob-
» jet de leurs méditations. L'homme de
» génie n'est donc que le produit des cir-
» constances dans lesquelles cet homme
» s'est trouvé. «

Il est visible que l'Auteur confond ici les moyens propres à cultiver & à faire réussir l'esprit avec la cause de l'Esprit. » Le génie est commun « venoit-il de dire, » & les circonstances propres à le déve- » lopper très-rares. « Il devoit au contraire soutenir, pour suivre ses principes, que le génie est égal dans tous les hommes. Mais en lui parlant d'après l'expérience, j'ose lui soutenir que le génie est rare; & que les circonstances propres à le développer le sont encore plus. Il y a toujours plus de génies en non valeur, qu'on n'en voit qui aient eu occasion de se produire. Que Colbert revienne, & il revient,

& la France reconnoîtra ses ressources. Combien d'esprits sont en pure perte pour la société, ou parce qu'ils ont eu une mauvaise éducation, ou parce que leurs passions les ont empêchés de cultiver leurs talens : ou parce que des circonstances les ont engagés dans des états opposés à ceux où ils pouvoient briller, & pour lesquels ils étoient faits. Quant à l'inégalité des génies elle est si marquée dans les colléges. Parmi les jeunes gens qui y reçoivent les mêmes leçons, quelle prodigieuse différence le naturel ne met-il pas entre deux sujets inégalement appliqués. Celui qui toujours cloué sur les Livres étudie avec opiniâtreté, est laissé bien loin derriére un autre qui n'étudie qu'en se jouant. Le premier sera un homme lent & lourd, qui pensera solidement ; & ne parviendra jamais qu'au gros bons sens. L'autre par ses différents talens se fera une réputation dans le monde.

Selon M. H***. les Législateurs formeroient des génies, si, proposant des peines & des récompenses, ils allumoient les passions des hommes ; je dis les passions, mais les passions utiles. L'amour de la gloire, des honneurs, de l'estime publique font certainement valoir l'esprit de ceux qui en ont, mais elles n'en donnent pas à ceux qui n'en ont pas, comme les occasions font connoître les braves gens à la guerre, & ne font pas un brave d'un lâche, & d'un poltron.

Il convient lui-même que les grandes passions ne font pas les grands génies. « Si l'on en excepte les Xenophon, les » Scipion, les Confucius, les César, les » Annibal, les Licurgue, & peut-être, » dans l'Univers, une cinquantaine d'hom- » mes d'état dont l'esprit pourroit réelle- » ment subir l'examen le plus rigoureux, » tous les autres & même quelques-uns » des plus célébres dans l'Histoire, & dont » les actions ont jetté le plus grand éclat, » n'ont été, quelqu'éloge qu'on donne à » l'étenduë de leurs lumiéres, que des » esprits très-communs. C'est à la force de » leur caractére plus qu'à celle de leur

De l'Esprit pag. 472.

» esprit, qu'ils doivent leur célébrité. Le
» peu de progrès de la Législation, la
» médiocrité des ouvrages divers, & pres-
» que inconnus qu'ont laissé les Auguste,
» les Tibére, les Titus, les Antonin, les
» Adrien, les Maurice, & les Charles-
» quint, & qu'ils ont composés dans le
» genre même, où ils devroient excel-
» ler, ne prouve que trop cette opinion. «

Auguste ! Un esprit très-commun. Tibe-
re, Titus, Antonin, Charles-quint des esprits médiocres ! Quel homme tant soit
peu versé dans les Lettres peut soutenir
une pareille décision. La Législation d'Auguste ne fut-elle pas un chef-d'œuvre de
politique ? Elle ne fit pas de longs progrès. Manqua-t'elle pas les principes,
ou par le mauvais cœur de Tibére, par
l'insolence de Caligula, par l'imbécillité
de Claude, par les fureurs de Néron ?
Confucius n'a laissé que des maximes plei-
nes de bon sens; celles de Marc-Aurèlle
pétillent d'esprit. De quel Maurice parle-
t'il ? Est-ce de celui qui fit triompher vo-

tre Patrie, M. de toute la puissance de l'Espagne, qui forma M. de Turenne, ou de M. de Saxe à qui la France a de si grandes obligations ?

Quelque soit le Maurice dont il parle, tous deux furent de grands hommes. Mais ils ne furent pas de grands Ecrivains comme César. Sont-ce donc les Commentaires de ce dernier qui l'ont immortalisé : qu'est-ce qui caractérise mieux ce Héros, ou son stile noble, coulant, & élégant, ou les grandes actions qu'il a si bien décrites ? Les exemples de notre Auteur sont donc très-mal choisis. Mais la maxime qu'il veut autoriser n'en est pas moins vraie, ni moins confirmée par l'expérience. Que la force du caractére a fait faire de grandes choses à des esprits médiocres. Tels furent Marius & Catilina chez les Romains. Mazarin eut autant d'ambition que Richelieu, mais il ne fut que Mazarin, ou un grand homme du second ordre. Il me semble que c'est la décision du Public.

Ce seroit donc envain que la Législation animeroit par des récompenses les belles passions & feroit valoir par la terreur des peines celles qui ne sont en nous que foiblesse, comme la crainte, & la honte, elle ne créeroit jamais des génies. Elle encourageroit les talens ; mais elle ne les donneroit pas. Sous un Prince qui aime les Lettres & les Arts, les bons Esprits sortent pour ainsi dire de terre, il ne les produit pas, mais il sçait les trouver, & ils osent se présenter. * Proposez chez certains peuples de l'Affrique des Dignités, des Trésors, tout ce qu'ils aiment le mieux à celui qui dans l'espace de six mois apprendra bien les quatre régles de l'Arithmétique, vous n'y trouverez personne qui puisse remplir la condition. D'autres peuples comme les Caraïbes, dont on a dérangé l'organisation de la tête en l'applatissant avec une

* Une pluie chaude fait sortir en Eté des grenouilles de la poussiére, où flétries & inanimées, elles n'étoient point apperçues : le vulgaire, & nos Philosophes modernes croient qu'il a plû des grenouilles.

planche, enforte que leur front devient le fommet de la tête, font d'une incapacité d'attention qui étonne & jouiffent néanmoins de tous leurs fens ; nul attrait, nulle récompenfe, nulle menace n'en peuvent faire des êtres penfants : qu'on introduife en France cette méthode, & qu'elle devienne génerallle, nous ferons infailliblement remplacés par une génération ftupide qui ne fe prêtera jamais à aucune bonne Légiflation. Combien de têtes les fages-femmes ne gâtent-elles pas en les paîtriffant à leur manière !

Le projet de l'Auteur dans l'ordre moral & politique eft de chercher une Légiflation qui intéreffe l'amour propre de chaque citoyen & le lie au bien public ; c'eft un projet chimérique, mais celui d'une Légiflation qui feroit de chaque citoyen un génie propre à faifir les vérités les plus fublimes, eft plus vain encore.

M. H***. réfute très-bien à la vérité la prétenfion de M. de Montefquieu, que la trempe des esprits dépend des climats. Il montre très-clairement que l'Esprit est stérile, ou il ne conduit à rien. En Egypte qui fut la mere des Sciences & des Arts, à Athènes qui en fut le centre, & qui devint l'Ecole des Romains ses conquérants, le climat n'est pas changé, & les esprits y sont abatardis. Et cette espéce de dégradation doit être rapportée à la servitude sous laquelle ces peuples gémissent depuis tant de siécles, la Législation n'y donne aucun encouragement propre à développer les talens, & la servitude ôte l'esprit, le tout par un effet physique dans le cerveau des hommes, qui rend les organes les mieux préparés, inutiles à former de grands hommes. C'est-à-dire que ceux qui naissent parmi ces peuples stupides & dont l'appareil du cerveau étoit fait dès la naissance pour un génie du premier ordre, y sont à pure perte. En voici la raison physique. Un excellent violon dont les cordes restent roulées autour des clefs, ou des petites chevilles,

& qui n'y feront jamais tenduës, n'eſt propre à rien, tant qu'il reſtera dans cet état; de même une tête qui ſera bien organiſée, mais qui ne ſera pas exercée de bonne heure, ſera fixée à la médiocrité. Les fibres délicates préparées pour des jeux délicats ne feront point follicitées, à ſe déprendre les unes des autres; ſerrées dans leurs enveloppes, elles demeureront empaquetées, en ſe fortifiant, en croiſſant ainſi colées & preſſées, elles ſe fouderont, elles ſeront liées fortement, & de manière à ne pouvoir ſe déprendre; au lieu qu'elles devroient faire une multitude d'organes déliés, elles n'en forment toutes enſemble qu'un ſeul, & un certain âge étant paſſé, le tems de la facilité du développement ſera perdu: ainſi ce méchaniſme admirable du cerveau ne fera qu'un eſprit très-médiocre. Voilà ce qui arrive phyſiquement chez des peuples, où aucunes circonſtances n'excitent à exercer les appareils fins & délicats, auxquels ſont attachés les grandes & belles idées, les analyses exactes, en un mot les effets du génie.

Il y a des têtes parmi nous sur lesquelles la musique de Rameau ne peut être jouée. Car on jouë sur nos têtes ce que l'on tire des instruments, ou de l'organe de la voix. La musique françoise à laquelle leur oreille est accoutumée n'a développé que certains appareils des fibres du nerf auditif ; & leur tête n'est plus propre à de nouveaux développemens. L'organe de l'ouie ressemble en eux à une Vielle dont il faudroit augmenter le méchanisme ; pour la rendre propre à jouer toutes sortes d'airs, & sur tout des airs aussi sçavants que ceux de Rameau ; d'une de leurs fibres nerveuses il faudroit en faire cinq ou six. Ainsi les sons d'un air de ce restaurateur de notre Musique, sont transportés sur un paquet de cordes. Ils y font de faux accords, comme ils en feroient si la piéce étoit exécutée par des instruments & par des voix fausses. Comment pourroit-elle être goûtée par un sauvage dont les ramules du nerf auditif n'ont jamais été dépaquetées, ni tendues à un ton convenable ?

Cet exemple est frappant, le deffaut d'usage de la musique dans un païs rend les habitans incapables du plaisir touchant de l'harmonie. Mais si dans ces climats si stériles pour une des belles propriétés de la voix on prenoit un enfant au berceau ; qu'une nourice qui eût de la voix & de l'oreille l'accoutumât, en le berçant, en le faisant sauter en cadance à la mesure, & à l'agrément du chant ; les fibres de l'enfant se déprendroient & se monteroient à tous les tons de la Musique. Dans la suite si la préparation organique de son cerveau étoit exquise en ce genre, il pourroit devenir un Rameau ; au lieu qu'abbandonné à l'éducation de son païs, ses fibres n'eussent été développées qu'en grandes masses, & neussent fourni d'étenduë au chant que deux dégrés tout au plus. Car telle est effectivement la Musique des peuples qui n'ont pas été policés. Si l'on faisoit l'épreuve sur un sauvage transféré dès son adolescence dans nos climats ; tout ce qui frapperoit son oreille au-delà de la gamme de son païs, qui n'a que deux dégrés de la nôtre, lui seroit desagréable ; nos tons entiers tomberoient sur des cordes qui ne rendroient qu'une multitude de tons sourds & dissonnants, & les plus beaux airs seroient pour lui un bruit confus & fatiguant.

Il en est de la disposition du cerveau nécessaire pour l'Esprit, comme de celle qu'exige la Musique. Dans les régions où l'on a peu d'idées, où rien n'est généralisé, où l'on n'est occupé que des objets numériques qui frappent les sens, où, comme chez les Hottentots, » penser est le fleau de la vie, » le meilleur cerveau devient inutile, pendant le tems destiné au développement des fibres ; c'est-à-dire pendant l'enfance & l'adolescence. Les différens appareils du cerveau restent empaquetés, & les petites fibres dont ils sont composés, en grossissant, en s'allon-

De l'Esprit, pag. 290.

geant, en se fortifiant, se soudent, & se brouillent, faute d'être sollicitées à se détacher. ⬛ donc par une opération physique que le commerce d'un enfant avec des gens d'esprit, développe ce qui étoit préparé dans son cerveau pour en faire un homme de génie; comme l'usage d'entendre de bonne Musique rend la tête harmonique aux enfans dont le cerveau a des dispositions physiques pour l'harmonie, & ne sert de rien à ceux dont le cerveau n'a pas ces heureuses dispositions?

Ainsi non-seulement M. H***. se trompe, quant il soutient que le plus ou le moins d'esprit ne dépend pas de l'organisation du cerveau plus ou moins parfaite, mais encore, quand il prétend que l'éducation, la fréquentation des bons esprits, les lectures utiles, l'attrait des récompenses, &c. ne sont que des causes morales du développement de l'Esprit, & qu'il n'en résulte rien de physique dans la machine.

Remarquez bien, M. qu'en cela même il dément la doctrine de Locke à laquelle il paroît fortement attaché; si n[...]dées viennent des sensations elles dépendent du ton de notre organisation : car c'est par le ton de nos nerfs que nous sommes plus sensibles à de certaines choses qu'à d'autres, que telle sensation est plus vive dans un homme, quelle ne l'est dans un autre. Quelle inégalité ! dans l'étendue de la vue, dans la finesse du tact, dans la délicatesse de l'oreille, dans la sureté du goût, dans la sensibilité de l'odorat.

Pourroit-il nier que toutes ces inégalités ne doivent être rapportées aux dispositions internes du cerveau, différemment parfaites dans tous les hommes ? Quelle variété d'aptitude ! dans les cerveaux, je ne dis pas pour composer de bonnes piéces de Musique ; mais pour sentir la beauté de la composition, parmi les simples amateurs.

Les intentions de l'Auteur sont bonnes je n'en veux pas douter. Mais sont-elles
éclairées

SUR L'ESPRIT. 193

éclairées » l'amour du paradoxe nous » dit-il » ne m'a point conduit à cette con- » clusion ; mais le seul désir du bonheur » des hommes. J'ai senti ce qu'une » bonne éducation répandoit de lumières, » de vertus, par conséquent de bon- » heur dans la Société, & combien la » persuasion où l'on est que le génie & » la vertu sont de purs dons de la nature, » s'opposoit aux progrès de la science de » l'éducation, & favorisoit à cet égard, » la paresse & la négligence : c'est dans » cette vue qu'examinant ce que pou- » voient sur nous la nature & l'éduca- » tion, je me suis apperçu que l'éduca- » tion nous faisoit ce que nous sommes : » en conséquence j'ai cru qu'il étoit du de- » voir d'un citoyen d'annoncer une vé- » rité propre à réveiller l'attention sur les » moyens de perfectionner cette même » éducation. «

N'auroit-il pas dû nous apprendre en quoi *la persuasion où l'on est que le génie, & les autres dispositions de l'Esprit sont des*

I. Partie. N

dons de la nature, s'oppose aux progrès de la science de l'éducation, & favorise à cet égard, la paresse & la négligence des instituteurs de la jeunesse. Le même amour du bien public fixe ma douleur sur bien d'autres objets de plainte. L'instituteur ne s'attache point à connoître le sol qu'il a à cultiver, & ce qu'il faudroit y semer pour le mettre le plus en rapport qu'il est possible. Il n'étudie point les dispositions de son Eléve, le ton de son esprit; il ne demêle pas le fond du caractère, ni les moyens de rendre l'étude amusante; & il n'est souvent pas le maître de se conduire sur les connoissances qu'il en auroit prises. On lui donne un chaîne, on veut qu'il lui fasse produire des raisins; un sep de vigne, on veut qu'il y greffe des pêches; un pied de citrouille, & l'on exige qu'il en fasse venir des melons. Un jeune homme a une belle imagination, il est né pour les graces de l'élocution, on veut que le maître lui donne une forte dose de Géométrie. C'est à un certain âge un coup de maſſuë dont il ne ſe relevera jamais. Il eſt pourtant vrai que lorſque l'imagination eſt plus forte, qu'elle n'eſt belle, elle a beſoin d'être réglée de bonne heure par quelque teinture de Mathématiques. Mais on ne donne pas un mords à un jeune cheval; on lui donne un filet pour lui faire la bouche. Un autre a de grandes diſpoſitions pour les ſciences, il eſt organiſé pour raiſonner. Il faudroit commencer celui-là par une Grammaire raiſonnée; durant cinq ou ſix ans on l'occupe de principes dont il ne peut découvrir ni la vérité ni les rapports, enſuite on ne l'entretient que d'objets de goût; enfin un Maître Ecrivain lui enſeigne l'Arithmétique.

A Paris où l'éducation eſt plus ſupportable que partout ailleurs, on exerce trop le cerveau des enfans par des études continuelles: on ſurcharge leur mémoire: on met en jeu tous les appareils de leur cerveau avant que cet organe ait acquis la conſiſtance néceſſaire. Les feuilles & les fleurs d'un arbre restant empaquetées dans les petites écorces qui forment le bouton, prennent lentement leur accroissement, leurs progrès sont sûrs, précisement parce qu'elles sont resserrées; & en croissant elles forceront leurs enveloppes & les écarteront. Vous prévenez le travail de la nature, vous écartez les envoloppes, vous détachez adroitement les feuilles, & les boutons des fleurs, cela vous réjouit; vous donnez à vos amis, avant le tems, le spectacle d'une verdure naissante, demain tout sera flétri ; de même, dans le cerveau de l'enfant vous dépaquetez des fibres ; encore trop délicates, elles donnent de petits jeux qui vous amusent, mais elles cesseront de prendre de l'accroissement ; elles sécheront ; à douze ans votre Eleve est un prodige, il occupe agréablement une compagnie ; à seize il sera stupide. Il étoit fait peut-être pour être un grand homme. Quelle dommage ! à qui vous en prenez vous ?

Je ne finirois pas, Monsieur, si j'entreprenois de vous écrire tout ce qui me vient dans l'esprit sur une matière sur laquelle j'ai tant médité. Je vous prouverois que les succès de l'éducation ne sont manqués, que lorsque les maîtres n'étudient pas le cerveau de leurs Eleves. Mais voit-on là dedans? me dira quelqu'un. On n'y voit pas; mais un habile homme laisse marcher la nature, & il connoît les boutons qui produiront cette année, ceux qui produiront les années suivantes ; il devinera le caractère de la plante qu'il a à cultiver & conjecturera quels sont les fruits qu'il en doit attendre, s'il faut presser ou retarder la production : il aura assez de signes extérieurs pour juger de la mécanique du cerveau qu'il ne voit pas.

Les instituteurs méritent le plus souvent un reproche tout opposé à celui que M. H*** leur fait. Il les reprend de ce qu'ils supposent que les enfans naissent avec des tournures différentes d'esprit, avec des dispositions très-inégales. Et moi je leur reproche qu'ils n'ont que des enseignemens de routine qu'ils appliquent indifféremment, comme si tous les esprits étoient de même trempe, & également propres aux mêmes genres d'étude, aux mêmes ordres de connoissances. Je crois, M. que vous prononcez en ma faveur.

M. H*** n'a certainement pas prévu le mal que son paradoxe feroit dans la société, s'il étoit universellement admis. Il gémit si amèrement sur le mauvais choix que les Princes ont fait dans tous les siécles pour remplir les grandes places, & il s'en plaint certainement sur les faits que l'histoire lui a appris. Les Princes, qui ont mal choisi dans tous les tems, sont tous partis d'un principe pernicieux dans les grandes administrations, qui éteint toute émulation, & qui cause une infinité de désordres. Ce principe est qu'un homme en vaut un autre. *Ce que c'est ! qu'un seul homme de plus*, disoit le feu Roi, lorsque le Duc de Vendôme eut rétabli Philippe V. sur le Trône. Voilà comment pense le Prince qui connoît le prix d'un bon choix. M. H*** en prononçant que tous les hommes ont des dispositions égales pour l'esprit & pour le génie ; mais que l'appas des récompenses, ou le défaut d'encouragement décide de la différence en ce genre, n'autorise-t'il pas ceux qui réglent le destin des Etats, à prendre des hommes à l'aventure, ou selon leurs caprices, pour les élever aux postes les plus éminens dans l'espérance de transformer des sots, ou des hommes médiocres en génies supérieurs, pourvu qu'on présente à ces foibles sujets des perspectives propres à enflammer leur ambition, leur amour pour les honneurs & pour les richesses ; & leur ardeur pour le faste & la sensualité. Je ne voudrois que cette seule réflexion pour convaincre l'Auteur qu'avec les meilleures intentions, il ne pouvoit rien faire de plus contraire au bien d'un Etat, que de proposer son paradoxe.

J'ai l'honneur d'être, &c.

LETTRE CINQUIÈME.

Sur les qualités qui caractérisent le génie, & la force de l'Esprit.

LE quatrième discours de l'Auteur porte, M. un titre bien simple. *Des différents noms donnés à l'Esprit.* Il n'annonce que des discussions grammaticales. Mais le véritable objet en est plus noble, & plus étendu. Ce sont les caractères qui distinguent le génie, l'esprit juste, le bel esprit, le bon sens. Il y a beaucoup d'esprit dans ce quatrième Discours. Et c'est le seul, à mon avis, dont la lecture procure quelqu'utilité. Il y a pourtant quelque chapitre de goût; mais l'attrait pour le paradoxe n'y abandonne pas notre Auteur; & quelque fois il lui fait hasarder des jugemens fort extraordinaires, comme lorsqu'il nous dit que Mahomet est regardé dans la moitié du monde comme l'ami de Dieu, & qu'il est respecté dans l'autre, comme un grand

De l'Esprit pag. 476.

génie. M. H.*** eſt le ſeul qui ait trouvé du génie dans c'eſt Anthouſiaſte, qui comme l'obſerve très-bien l'Auteur, fut la premiére dupe du fanatiſme qu'il inſpiroit.

Il obſerve d'abord que le public place également au rang des génies, les Deſcartes, les Newton, les Locke, les Monteſquieu, les Corneille, les Moliere, &c. » le nom de génies qu'il donne à des hommes ſi différens ſuppoſe donc une qualité » commune qui caractériſe en eux le génie. »

De l'Eſp. p. 471.

Il part d'une étimologie. Il nous apprend que le mot » de génie dérive de *gignere*, » *gigno*, j'enfante, je produits. Il ſuppoſe » toujours invention, & cette qualité eſt » la ſeule qui appartienne à tous les gé- » nies différents. » mais il s'agit de celle qui diſtingue le génie de l'homme d'eſprit & de l'homme d'imagination. Car cette derniére faculté eſt la plus féconde en invention, & dans certains genres elle ſuffit pour former l'homme de génie ; un Milton, un Arioſte : or, ſelon l'Auteur, l'invention appartient également à l'esprit & au génie ; comment feroit-elle donc le caractère du génie seul ?

L'Auteur sent bien la difficulté, & pour s'en démêler, il veut que l'homme *fasse époque* pour mériter le titre de génie. Et quel est l'homme qui *fait époque* ? Car il n'est pas facile de saisir sa pensé ? Celui qui donne la dernière perfection à un art inventé, lequel a fait des progrès avant lui. Vous n'auriez pas deviné, Monsieur, cette définition. Voici un exemple : ,, Cor- ,, neille naît dans un moment, où la per- ,, fection qu'il ajoûte à cet art doit faire ,, époque ; Corneille est un génie : ,, car, ,, avoit-il dit plus haut, il ne suffit pas ,, d'avoir du génie pour en avoir le titre ,, jusqu'ici il n'a pas encore caractérisé le génie ; mais il nous a dit quelque chose de plus précis dans une note. ,, Le neuf & ,, le singulier dans les idées ne suffit pas ,, pour mériter le titre de génie ; il faut ,, de plus que ces idées neuves, soient ou ,, belles, ou générales, ou intéressantes.

De l'Esprit, pag. 477.

„ C'est en ce point que l'ouvrage du gé-
„ nie différe de l'ouvrage original princi-
„ palement caractérisé par la singularité. "
Il développe encore davantage sa pensée
ailleurs, „ l'Esprit suppose encore donc pag. 504.
„ toujours invention, cette invention plus
„ élevée dans le génie embrasse d'ailleurs
„ plus d'étendue de vue ; elle suppose par
„ conséquent & plus de cette opiniâtreté
„ qui triomphe de toutes les difficultés,
„ & plus de cette hardiesse de caractère
„ qui se fraye des routes nouvelles. "

L'opiniâtreté & le courage peuvent seconder le génie ; mais assurément ne le forment pas : il ne faut pas beaucoup de courage pour faire une belle Tragédie ; j'avoue qu'il en faut pour faire valoir une Piéce par le mépris de l'autorité royale & de la Religion : mais aussi on en assure le succès par deux vers audacieux ou impies : tout le reste étant mal versifié, les caractères mal rendus, l'ordonnance pitoyable, la diction commune, le stile monotone, la construction françoise boulversée, la piéce a pour elle une caballe toute formée. C'est un jeune Poëte (de 40 ans,) dit-on, qui se formera & qui remplacera Corneille ou Racine.

Il faut plus d'un exemple pour faire comprendre comment un génie *fait époque.* » Kepler trouve la loi dans laquelle » les corps doivent peser les uns sur les » autres. « L'Auteur se trompe ici. Kepler trouva les deux loix qui reglent les astres. Et l'Auteur me permettra de lui dire que cette découverte est une des plus belles époques de l'histoire de l'Astronomie. » Newton, par l'application heureuse qu'un » calcul très ingénieux lui permet d'en faire » au systême céleste, assure l'existence de » cette loi, Newton *fait époque*, il est mis » au rang des génies. « Est-ce exprimer le mérite de Newton ? On voit bien que notre Auteur ne parle que d'après l'estime *sur parole*; comme il s'explique, Newton dût beaucoup à Galilée, à Kepler ; il a pris du P. Malebranche l'idé de transporter le systême du ciel dans les détails de

De l'Esprit pag. 478.

la nature. Mais toutes ces grandes idées sont devenues neuves ayant été combinées par ce grand homme ; il a fait une révolution dans la Philosophie, & il a mérité de la faire par son systême de la gravitation, lequel est tout à lui : & cet événement peut effectivement être appellé une époque. Mais n'eut-il point eu de Disciples, la grandeur de son génie n'en eut pas moins été reconnuë. Il faut être bien petit pour trouver Descartes moins grand, depuis que sa Secte Philosophique est diminuée. » Aristote, Gassendi, Montaigne, entre» voyent confusément que c'est à nos sen» sations que nous devons toutes nos » idées. Locke éclaircit & approfondit » ce principe, en constate la vérité par » une infinité d'applications, & Locke » est un génie. « Et Aristote & Gassendi n'étoient apparemment que des esprits ordinaires. Montaigne fut-il autre chose qu'un homme de beaucoup d'esprit ? Qu'a-t-il donc appris aux hommes ? un Pirrhonisme décousu ; c'est-à-dire sans systême.

Il est vrai qu'il eut la hardiesse d'écrire sans ordre, tout ce qu'il pensoit de même; mais cela ne suffit pas pour faire un génie. Il est vrai encore qu'il a *fait époque*; puisqu'on peut l'appeller à juste titre le Patriarche des incrédules. A l'égard de Locke il sera un génie dans l'esprit de tous ceux qui l'ont pris pour maître, jusqu'à ce qu'ils soient obligés de reconnoître que plus les meilleurs esprits approfondissent & développent sa doctrine, plus ils la trouvent ridicule & révoltante.

Le hasard, vous l'auriez bien diviné, M. (car vous êtes maintenant au fait du ton de Philosophie de notre Auteur) est, selon lui, l'unique cause qui place un homme dans des circonstances propres à fixer *une époque*. Cependant le hasard ne fait rien " qu'en faveur de ceux qu'anime le " désir vif de la gloire. " L'organisation de la tête n'y fait rien. La tête de Corneille n'étoit pas mieux préparée que celle de tout Auteur Dramatique qui à des talens très-médiocres peut joindre un désir ardent de la gloire.

Toute la doctrine de M. H*** sur la nature du génie n'est pas fort lumineuse. Je ne m'y arrêterai pas. Ce que j'ai eu l'honneur de vous dire de la dépendance du ton de l'esprit & de l'organisation du cerveau peut très-facilement être appliqué à la différence des génies. Dans le second Chapitre sur l'imagination le Philosophe céde la plume à l'homme de goût, & le dernier y a de grands avantages sur le premier. Je vous avouerai, Monsieur, que je l'ai lu avec beaucoup de plaisir, & qu'il mériteroit d'être dérobé à la juste proscription de l'Ouvrage avec presque tout le douzième. Pour le cinquième qui traitte de l'esprit fin, & de la force de l'esprit, il est très-mélangé. Le titre de ce Chapitre porte de l'Esprit fin & de l'Esprit fort. Ce terme d'Esprit fort est toujours pris en mauvaise part; & convient très-bien à beaucoup de gens qui ne brillent pas par la force de l'esprit.

Dans ce cinquième Chapitre il nous donne pour exemple d'une pensée fine une pensée de M. de Fontenelle, qui est très-fausse. » On détruiroit » dit-il, d'après M. de Fontenelle « presque tou- » tes les Religions si l'on obligeoit ceux » qui les professent à s'aimer » & l'Auteur ajoute en note » ce qui peut être » vrai des fausses Religions n'est point » applicable à la nôtre, qui nous com- » mande l'amour du prochain «

Les fausses Religions pourroient avoir quelques vérités propres à favoriser les vertus sociales, si elles obligeoient tous les hommes à se traiter comme des bons freres. Mais le fond de la pensée de M. de Fontenelle, est, si je ne me trompe, que si le caractère distinctif d'une Religion étoit un amour sincére & effectif pour tous les hommes, le nombre de ceux qui n'en seroient pas exclus seroit bien petit, & cette pensée est véritable, même dans la Religion de la charité.

Il cite encore une autre pensée réellement très-fine de M. de Fontenelle. » *En* » *écrivant*, disoit celui-ci, *j'ai toujours tâché*

ché de me faire entendre à moi-même. " Peu de gens entendent réellement ce mot de M. de Fontenelle, on ne sent pas comme lui, toute l'importance d'un précepte dont l'observation est si difficile " : j'ajouterai que jamais (j'en ai déja donné bien des preuves,) homme ne l'a moins sentie, cette importance, que M. H***, & je lui applique ses propres paroles. » Il n'a point cherché à s'entendre, à décomposer ses principes, à les réduire à des propositions simples & toujours claires, auxquelles on ne parvient point sans sçavoir si l'on s'entend, si l'on ne s'entend pas. Il s'est appuyé sur ces principes vagues, dont l'obscurité est toujours suspecte à quiconque a le mot de M. de Fontenelle habituellement présent à l'esprit, faute d'avoir, si je l'ose dire fouillé jusqu'au terrein vierge, l'immense édifice de son système s'est affaissé, à mesure qu'il construisoit. « Je répéte le terrein vierge sans sçavoir trop ce que c'est ici que terrein vier-

De l'Esprit, pag. 508.

I. Partie. O

ge. Mais il est très-facile de convaincre mon Auteur de la justesse de l'application.

Il a posé ses fondemens sans aller jusqu'au solide, puisqu'il a considéré l'homme sans examiner s'il est une seule subtance, ou s'il est composé de deux, & quel édifice a-t'il élévé sur cette ignorance bourbeuse ? un principe faux. C'est que tout ce qu'il ne veut, ou ne peut entendre est un mystère de la nature sur lequel la révélation peut seule nous éclairer. Ainsi il nie la liberté de l'homme parce qu'il ne peut la comprendre ; cependant on la suppose toujours, quand on fait un Livre, dans la vue de faire revenir les hommes de leurs erreurs. Il parle continuellement de Législation, fronde celles qui nuisent à la liberté civile de l'homme, selon sa façon de penser, comme s'il pouvoit y avoir de conditions libres pour des êtres privés de la liberté intérieure & naturelle, & une Législation pour des êtres qui ne sçavent que se laisser nécessiter. Car, vous n'aurez pas laissé échapper ce trait, Monsieur, il ne reconnoît dans l'homme que la liberté du corps, telle que celle que nous supposons dans les animaux qui errent dans les forêts. Si cela étoit, policer des hommes ou dresser des chiens seroit à peu près la même chose; & les Romains asservis par la tirannie des Triumvirs ne souffroient pas plus d'injustice, que le chien qu'on met au collier de force, ou que l'on tue d'un coup de fusil, pour avoir poussé le gibier. En conséquence de cette erreur, il croit pourtant distinguer des peuples libres dans les Républiques, & non libres dans les Monarchies. Mais il ne présente pas cette maxime de front. Il semble n'avoir en vuë que de justifier notre langue à laquelle l'Anglois refuse la force & l'inergie nécessaire pour rendre les traits fiers de génie.

« Si les Anglois, nous dit-il, à cet égard, _{De l'Esprit,}
« s'attribuent une grande supériorité sur _{pag. 518.}
« nous, c'est moins à la force particuliére
« de leur langue, qu'à la forme de leur
« Gouvernement qu'ils doivent cet avan-

O ij

» tage : on est toujours fort dans un Gou-
» vernement libre, où l'homme conçoit
» les plus hautes pensées, & peut les expri-
» mer aussi vivement qu'il les conçoit. Il
» n'en est pas ainsi des Etats Monarchi-
» ques ; dans ces pays, l'intérêt de certains
„ Corps, celui de quelques particuliers puis-
» sans, & plus souvent encore une fausse
» & petite politique s'oppose aux élans
» du génie. Quiconque dans ces gouver-
» nemens, s'éléve jusqu'aux grandes
» idées, est souvent forcé de les taire,
» ou du moins contraint d'en énerver la
» force par le louche, l'énigmatique, &
» la foiblesse de l'expression. «

L'opposition d'Etat libre à l'Etat monarchique annonce moins la force que la
licence de l'esprit; & qui se plaint d'être
privé de la liberté de tout dire, devroit
se plaindre plus amérement de la liberté
de penser mal. D'ailleurs dans le système
de l'Auteur, la volonté est également né-
cessitée dans les Républiques & dans les
Monarchies. Enfin la liberté de tout dire;

n'a jamais donné la justesse, ni l'étendue de l'esprit. Et il n'est point de Gouvernement où les méchans se trouvent libres, & où les honnêtes gens ne le soient point.

Pour unir des êtres dont l'amour propre ne veut dépendre que de lui-même & désire de s'assujettir tous les autres, il a fallu, comme l'Auteur l'a judicieusement observé en quelqu'endroit de son Livre, il a fallu qu'un chacun fît le sacrifice d'une partie de sa liberté, pour conserver l'autre. Dans toute espèce de Gouvernement tout citoyen dépend de la souveraineté, soit qu'elle réside dans un seul; soit qu'elle réside dans un nombre de particuliers choisis. Ainsi dans les Républiques qu'on appelle les plus libres, dans la vôtre, Monsieur, chaque citoyen dépend de la souveraineté. Ainsi y a-t-il toujours quelque maxime interdite à la critique du citoyen inquiet; & s'il n'est pas permis en France d'exhorter le peuple à se former en République, il n'est pas permis chez vous, d'exhorter ses concitoyens à se réunir sous l'autorité d'un seul. Tout citoyen est sujet comme parmi nous. Il donne librement son suffrage pour le choix de ceux qui doivent représenter le corps de votre nation; mais le succès de son suffrage dépend du concours des autres citoyens, les Migistrats étant une fois nommés, il leur est assujetti. Il naît sous les loix du pays; & il lui est deffendu de déclamer contre. Il en étoit de même chez les Romais. Le peuple prit sur la liberté des Sénateurs, par l'autorité sacrée qu'il imprima aux Tribuns; & l'autorité Consulaire conférée par le vœu de chaque citoyen, étoit un frein pour le peuple, contraint de prendre les armes sur l'ordre des Consuls, ou d'encourir la note de rebelle. Le peuple ayant donné les faisceaux, étoit obligé de présenter ses épaules, pour recevoir des coups de verge. Ainsi dans ce peuple Roi, chaque citoyen n'étoit qu'un sujet; il n'y eut de vraiment libres pendant un long-tems que les Tribuns. Ceux-là avoient alors la liberté de tout dire impunément; encore n'avoient-ils pas la liberté de tout faire. Le *veto* d'un seul de leurs Collegues, arrêtoit leur emportement. Mais l'exemple de ces déclamateurs effrenés qui entraîna enfin la ruine de la République prouve invinciblement que même dans les Etats que l'on appelle libres, rien n'est plus dangereux que la licence de tout dire.

Point de peuples, Monsieur, où il n'y ait ni sujets, ni souveraineté, comme point de famille où il n'y ait des peres revêtus d'une autorité naturelle, & des enfans soumis par les loix de la nature. Le parallele est si juste que vous n'aurez jamais vu personne qui apprît à respecter l'autorité paternelle, en déclamant contre la souveraineté. Le Livre de M. H*** en est un exemple frappant. Je ne me ressouviens pas d'y avoir vu, plus d'une fois, faire mention de respect filial. Encore l'exemple est-il pris à la Chine; encore cette vertu qui fait, parmi ce peuple sage, un des principaux nerfs du gouvernement, y est-elle qualifiée de superstitieuse, peut-être parce qu'elle est liée à ce que prescrit la Religion du pays, à l'égard des peres après leur mort. Et quel cruel exemple a-t'il choisi ! Il semble ailleurs proposer pour modèle la coutume des animaux, qui ne reconnoissent plus ni pere ni mere, & qui n'en sont plus reconnus, dès qu'ils peuvent s'en passer. Il insinue que ce seroit une belle réforme à faire dans l'Univers, que de rendre les femmes communes, système de gouvernement qui rendroit l'exemple des animaux très-praticable aux hommes. Il donne la plus terrible atteinte au respect filial en apprenant à la jeunesse qu'elle est seule en état de juger de ce qui est beau en tout genre, que les hommes parvenus à quarante ans ne sont plus que des radoteurs qui ne méritent pas d'être écoutés. Maxime qu'il répéte jusqu'à deux ou trois fois. Beaucoup de ces jeunes gens, ont-ils besoin de leçons, pour apprendre que leurs peres devroient être mis au rebut,

De l'Esprit, pag. 300.

pour se plaindre hautement que la disposition des biens est laissée à des hommes qui ne peuvent jouir, tandis qu'elle est refusée à ceux qui peuvent tirer le meilleur parti des passions, enfin pour se lasser de la longue vie de ceux à qui ils doivent la leur ?

La Chine, par son attention constante depuis tant de siécles à empêcher toute liaison avec les Etrangers, a conservé plus long-tems les idées primitives de la société, & rapporte à l'autorité paternelle la souveraineté de ses Monarques. Le Mandarin d'un petit district est le pere commun de ce lieu-là; les Mandarins du troisième ordre regardent comme leur pere le Mandarin du second ordre d'une petite province ; ceux du second ordre ont pour pere un Madarin du premier, & tous les Madarins du premier ordre ont l'Empereur pour leur pere. Toutes les punitions y sont réputées des corrections paternelles. Ainsi l'Empire de la Chine, tout immense qu'il est, n'est qu'une grande famille, & elle repréſente celle d'Adam, lorſque ſes deſcendans s'étant multipliés, il avoit ſous ſes yeux juſqu'à la vingtième génération. Roi par la création, & Roi de toute la terre, Adam régnoit ſur tous les hommes ſous les loix qu'il avoit reçues de Dieu même. Chaque pere avoit autorité ſur ſes enfans, chaque ayeul en avoit ſur les familles ſorties de lui. Pluſieurs ayeuls relevoient d'un pere commun & en dépendoient, mais la ſouveraineté réſidoit dans le ſeul Adam par le droit même de la nature & conſéquemment par l'inſtitution divine, & elle réſida de même dans Noë, qui après le déluge fut ſeul dans les droits d'Adam. Telle eſt l'origine & le modèle du Gouvernement Monarchique : tout Monarque eſt le repréſentant d'Adam. C'eſt le ſeul Gouvernement qui donne l'idée de la ſociété formée par les premiéres générations du monde, le ſeul qui rappelle parfaitement les grandes ſociétés à l'unité, & celui par lequel, ou ſous lequel tout peuple a été formé : car je ne crois pas qu'on puisse me citer aucun peuple ancien qui n'ait commencé à être soumis à des Rois, ou à un pere commun exerçant les droits de la souveraineté. Je parle des tems antérieurs aux Républiques de Carthage & d'Athènes.

Toute autre espèce de Gouvernement est sorti du trouble, du désordre, ou de la violence dans le Gouvernement Monarchique. Il en est nécessairement né, puisqu'il conserve l'autorité souveraine, laquelle quoique partagée entre plusieurs est la même que celle d'Adam, & a la même origine. C'est pour cette raison que par tout, le meurtrier qui attente sur la vie d'un Monarque ou des Magistrats représentans la Majesté d'un peuple sont traités de parricides.

L'origine de L'Aristocratie peut être fort ancienne, on la peut rapporter à une circonstance où l'on n'a pu s'empêcher de se trouver après la dispersion des enfans de Noë.

Le chef commun de plusieurs familles étant mort, ses enfans chefs de famille eux mêmes auront conservé la souveraineté en commun. Pour la Démocratie, ne vous en fâchez pas s'il vous plaît, Monsieur, ce que je vais dire n'attaque point la souveraineté légitime de vos Etats; la Démocratie, dis-je, fruit de la jalousie du commandement, de l'insolence injuste des Grands & de l'indocilité des peuples, a dérangé toutes les institutions indiquées par la nature, elle est sortie du désordre de l'Anarchie. Elle représente une famille qui ayant perdu son chef, vit dans la même maison, où chacun est le maître, mais où toutes les affaires sont traitées de concert. Les hommes auroient pu se fixer à cette maniére de se gouverner, si au lieu d'un seul homme & d'une seule femme, il eut plû au Créateur de former à la fois un million de chefs de famille. Mais l'autorité souveraine du premier homme & de Noë a été conservée dans les Républiques, & c'est la même dont les

Rois sont revêtus, elle est tout aussi sacrée dans les Républiques, où des citoyens ligués pour soumettre leur patrie à un Roi, commettent un aussi grand crime que les sujets d'un Monarque qui feroient une conjuration pour le détrôner.

Le caractère sacré de la souveraineté révolte tous les ennemis de la Religion, & certainement, M. H*** n'a pas pensé à tout l'avantage qu'il leur donnoit par mille réflexions répandues dans son livre: ils reprochent même au Christianisme le respect inviolable qu'il prescrit à l'égard des Souverains, comme s'il imposoit aux hommes un nouveau joug. Mais en faisant un précepte qui lui est propre de la soumission due aux Souverains, la Religion n'a pas fait une nouvelle loi, n'a pas divinisé l'ancienne qui venoit de Dieu: elle y a joint les promesses d'une récompense éternelle, & des graces, qui distinguent la fidélité respectueuse des sujets, de l'obéissance servile, ou de celle qu'arrache la contrainte. Elle apprend à ne servir que Dieu, en obéissant au Monarque mortel ; & chez elle la soumission à l'autorité, est l'apprentissage d'un régne éternel.

Samuel ne propose point un nouveau droit aux Israëlites qui lui demandoient un Roi. Il ne fait que leur déclarer les droits attachés à la royauté. Il fait plus, il ne leur représente que les abus les plus révoltans du droit sacré des Monarques ; pour leur apprendre que des sujets ne peuvent s'ériger en juges de leur Souverain, & qu'aucun d'eux ne peut légitimement opposer la violence, aux excès mêmes les plus violens des Rois.

On objectera donc envain, que probablement la souveraineté naturelle, telle qu'Adam en fut revêtu par le Créateur, & telle que Noë en jouit, cessa bientôt d'être unie à l'autorité paternelle d'un chef, après la dispersion ; qu'elle ne suivit plus l'ordre de la nature, mais qu'elle fut usurpée par le plus fort, ou conférée par le choix libre du peuple. En effet dans les différentes nations, il doit y avoir eu mille circonſtances qu'il ſeroit inutile de détailler à un homme qui a des vues auſſi profondes & auſſi étendües que vous, Monſieur, & qui ont rendu cette variation néceſſaire & légitime. Tout cela eſt vrai; mais qu'a-t'on uſurpé, qu'a-t'on donné? N'eſt-ce pas cette même autorité que Dieu avoit conférée à Adam, pour l'exercer ſur tous les hommes? Ne ſont-ce pas ces mêmes droits qui ont été accordés librement à l'uſurpateur par ceux qui le ſoutiennent dans leur uſurpation, & contre leſquels les autres citoyens ſont autoriſés à réclamer, ou qui ont été donnés à un particulier par le choix de ſes concitoyens? N'eſt-ce pas en un mot la ſouveraineté, ou l'autorité paternelle du premier des hommes, ſans laquelle il eſt impoſſible qu'un grand nombre de familles faſſent corps, & ſoient réduites à l'unité laquelle eſt eſſentielle à toute ſociété. D'où je conclus, premièrement, que les droits de la ſouveraineté ſont divins; puiſqu'ils

furent donnés à Adam par le Créateur ; & que c'est le même genre d'autorité que les souverains exercent, soit que la souveraineté appartienne à un seul homme, soit qu'elle soit déposée entre les mains d'un corps de Magistrats, soit qu'elle appartienne au corps même du peuple : donc secondement les droits de Souveraineté étant essentiels à toute société politique, le Créateur, qui certainement a voulu ces sociétés, est l'Auteur du caractère qui les forme en corps, & qui d'un grand nombre de familles n'en fait qu'une seule. C'est l'autorité de Dieu même sur eux que les peuples confèrent à celui ou à ceux qu'ils choisissent pour les gouverner, ou qu'ils retiennent en corps. Aussi tous les peuples ont-ils admis généralement en garentie de leur fidélité, après leur choix, la religion du serment, & ont regardé comme des sacriléges tous ceux qui se sont élevés contre l'autorité publique. L'élection d'un Roi fut toujours, & partout un acte de Religion. S'il est très-vrai que les Chinois

nois applaudiroient à cette doctrine, pourrois-je craindre de déplaire, en la proposant à des François, en qui la nature prévient le respect pour l'ordre de Dieu, dans le tendre attachement qu'elle leur inspire pour leurs Rois.

Vous nous renvoyez toujours à Dieu. Vous ne nous parlez que de ses loix, me disoit un bel Esprit, à qui je disois ce que j'ai l'honneur de vous écrire, & vous, M. lui répondis-je, où nous renvoyez-vous ? à une suite éternelle de générations d'hommes ; ou à l'heureux accident d'un monstre marin, qui vomi par la mer, & échoué sur le sable, tout à coup se dressant sur les deux pieds avec sa femelle, fit jouer ses poumons, organes si long-tems inutiles, & apprit subitement à vivre dans l'air comme il avoit vécu dans l'eau devenuë pour lui un élément meurtrier. Telle est la fable de Téliaméde. Il faut que vous admettiez l'une ou l'autre de ces deux hypothèses ridicules; si vous ne voulez pas croire que Dieu a donné un commencement à l'espèce humaine en créant un homme & une femme, auxquels toute leur postérité doit la naissance, l'éducation, tous ses droits, en recevant d'eux les loix sous lesquelles elle devoit être gouvernée.

Ces génies auxquels notre Auteur fait de fréquentes allusions, & qu'il désigne sous le titre auguste de génies législateurs, semblent nous rappeller aux Métamorphoses d'Ovide, quand ils traitent de l'origine des peuples & de la souveraineté. Ils nous représentent la terre couverte d'un grand nombre d'hommes, sortis apparemment des pierres que Deucalion & sa femme avoient jettées derriére eux. Ces hommes, qui n'eurent ni pere ni mere, nâquirent totalement indépendans les uns des autres. Ils étoient sans loix, vivoient dispersés, isolés, errans; se nourrissoient de gland, avoient peur de tout ce qui portoit leur image; se familiariférent d'abord avec les femmes. Comme la sainteté du lien conjugal leur étoit inconue, les peres furent toujours incertains, l'enfant dépendit de sa mere ; tant qu'il eut besoin de ses soins, il la quitta dès qu'il put se passer d'elle, pour errer en liberté.

Quelques-uns s'aviserent de se lier ensemble pour résister aux attaques des bêtes féroces. Il fallut un chef pour concerter les mesures. Le plus vigoureux & le plus adroit fut probablement choisi. Il se forma ainsi différens pelotons d'hommes. Plusieurs de ces pelotons se trouvant voisins se réunirent, voilà un petit peuple, il se forma de cette sorte plusieurs associations. Surviennent des querelles entre ces petits peuples. Le chef vainqueur devient le maître du peuple conquis, & tirannise le sien. C'est ainsi que la force fit les Rois. Le génie fin & rusé trouvant le moyen de vaincre la force, le plus habile s'empara de l'autorité. Telle est l'origine de la Souveraineté selon notre Auteur ; elle fut le fruit de l'usurpation. N'est-elle pas bien respectable ; & n'est-ce pas par un préjugé pitoyable qu'on la regarde comme sacrée, puisqu'au lieu de venir de la législation divine; elle n'a pour origine que la violence ou de la fraude ?

De quels contes nous amuse-t'on! D'où a-t'on recueilli ces beaux traits de l'histoire du genre humain ? A la suite de ces fables puériles on pose pour maxime que tout homme naît libre, indépendant de toutes loix, & que lorsqu'il peut raisonner, c'est à lui à ratifier, ou à fronder les loix de son païs. M. H*** ne va pas jusques-là, mais d'autres se sont expliqués pour lui, en partant du même principe que l'Angleterre même n'adopteroit pas.

Eh ! comment naissons-nous ? nuds, sans droits qui nous soient propres, dans le besoin de toutes sortes de secours, & pour le corps & pour l'ame. La terre est partagée, quand nous y paroissons, nous ne sommes pas dans le cas d'Adam. Tout est pris, rien n'est à nous; & nos espérances ne peuvent être fondées que sur les loix du pays où nous commençons à voir la lumiére. Mais par ces droits même nous appartenons à la patrie. Un grand nombre d'enfans naiffent de peres qui ne poffédent pas un pouce de terrein fur notre globe : voilà l'hiftoire naturelle de l'homme actuel. Tout autre n'eft qu'un Roman, & qu'un Roman pernicieux.

C'eft ainfi que nous naiffons libres, & Rois de nous mêmes, & comme nous fommes indépendans par la nature. Qu'un jeune homme parvenu à l'âge où l'on raifonne, s'avife de s'expliquer ainfi d'après nos fages modernes : *J'ai droit par la nature à toute la terre. Par des conventions bien antérieures à l'époque de ma naiffance, & que je n'ai pu valider par mon fuffrage, toute la terre eft partagée ; on ne m'a pas laiffé en propriété une toife quarée, où je puiffe pofer le pied. Je veux un autre partage, ma demande eft jufte ; ou bien j'ai quelque chofe, mais mon lot eft trop petit, je veux revenir à partage avec le genre humain.* Seroit-ce ce que l'on appelle penfer héroïquement, & exprimer généreusement ce que l'on pense.

Que ce jeune audacieux aille avec ses maîtres aux terres auſtrales; la patrie ſe relâche de ſes droits à cet égard. Ils y trouveront probablement des terres vagues à ſe diſtribuer ſous les loix qu'il leur plaîra d'établir. Je ne puis leur inſinuer d'autre parti: car j'oſe leur aſſurer qu'il n'eſt aucun peuple tant libre qu'on voudra l'imaginer, qui ne s'oppoſe aux *élans de leur génie*; & qui ne les condamne au ſilence, quelque démangeaiſon qu'ils ayent de parler, & de s'annoncer comme les Docteurs de l'Univers. D'ailleurs ils trouveroient par tout la légiſlation mauvaiſe, & s'ils ſe prétendent libres de tous les liens civils, au moins n'oſeroient-ils dire qu'ils ont apporté en naiſſant le droit d'impoſer des loix aux autres hommes, ou de changer celles qui ſont reçues.

Mais il y a des abus, il y a des loix qu'on devroit abroger; il en faudroit ſubſtituer d'autres, & ces grands génies qui nous donnent une si pitoyable philosophie voyent ces désordres énormes. Ne doivent-ils pas en avertir ? qui ? le public ? pourquoi faire ? Pour forcer la main qui tient le gouvernail ? A quoi pensez vous ? Souvenez-vous que tous ceux qui chez les Romains proposerent les loix agraires, quoique très-justes, & très-conformes à l'esprit de la République, furent traités de séditieux. Est-ce pour faire gémir le public ? il vous dispense de l'éclaircir, pour l'attrister à pure perte. Et d'ailleurs avec de bonnes intentions vous pourriez ameuter des séditieux. Vous plaignez-vous de n'avoir pas la liberté de troubler votre patrie, & de la mettre en feu ? Et l'attention à réprimer la passion avec laquelle vous excusez les mensonges & les fraudes, seroit-ce ce que j'entends appeller une *mauvaise petite politique* ? Peut-être voudriez-vous seulement ouvrir les yeux de ceux qui peuvent remédier aux abus. Communiquez-leur vos vûes, non comme un Législateur, mais comme un bon citoyen. Mais ils les rebutent ; peut-être voyent-ils que la correction de l'abus qui vous blesse attireroit plus de désordres que l'abus même. Vous avez fait votre devoir. Demeurez tranquille.

En vérité, Monsieur, dans quelqu'Etat que ce soit, le Sage est libre. Et dans l'Etat Monarchique, il ne se plaindra jamais de n'avoir pas la liberté de tout dire, ou de s'exprimer avec un anthousiasme propre à troubler le cerveau des citoyens, ou à les allarmer inutilement. Et que seroit-ce si dans un Etat il y avoit beaucoup de ces caractères vifs & passionnés, de ces hommes fougueux qui faisant un grand cas de la force de l'esprit, enseigneroient quelle est due aux fortes passions ! Pesez, Monsieur, la leçon qui suit de M. H***, & jugez quelle impression elle est capable de faire sur des esprits bouillans, & qui se croiroient permis de ratifier, ou d'annuler les loix de leur pays. Elle vous paroîtra d'abord hors de mon sujet ; mais vous verrez, M. combien elle y rentre naturellement.

SUR L'ESPRIT. 233

« Les passions sont dans le moral ce De l'Esprit,
» que dans la physique est le mouvement; pag. 297.
» il crée, anéantit, conserve, anime tout,
» & sans lui tout est mort ; ce sont elles
» aussi qui vivifient le monde. L'Amour
» tailla, dit-on, le crayon du premier
» dessinateur. Dans un pays où la révé-
» lation n'avoit point pénétré, ce fut en-
» core l'Amour, qui, pour flatter la dou-
» leur d'une veuve éplorée par la mort
» de son jeune époux, lui découvrit le sy-
» stême de l'immortalité de l'ame. » Voilà de la poësie, Monsieur, & vous de-
manderiez volontiers à l'Auteur les ga-
rands de l'origine qu'il donne à ce qu'il
appelle le systême de l'immortalité de
l'ame. Mais ces réflexions nous écartent
de notre objet ; suivons l'Auteur.

« Les passions fortes » doivent donc
» être regardées, comme le germe pro-
» ductif de l'Esprit, & le ressort puissant
» qui porte les hommes aux grandes ac-
» tions. Mais avant que de passer outre,
» je dois fixer l'idée que j'attache à ce mot

„ de passion forte. Si la plûpart des hommes „ parlent sans s'entendre, c'est à l'obscurité „ des mots, qu'il faut s'en prendre ; c'est à „ cette cause qu'on peut attribuer la pro-„ longation du miracle operé à la Tour de Babel. « Voilà une application de l'E-criture sainte faite à propos.

Mais c'est donc une chose bien difficile à saisir que l'idée d'une passion forte. Si difficile, M. que l'Auteur va vous en donner une définition certainement unique & absolument neuve. Il semble au moins le croire. » J'entends par ce mot de pas-„ sion forte, une passion dont l'objet soit „ si nécessaire à notre bonheur, que la „ vie nous soit insupportable sans la pos-„ session de cet objet. «

De l'Esprit, pag. 298.

Un exemple doit faire sentir toute la beauté de cette définition, mais sûrement, vous ne vous attendez pas, Monsieur, à celui qu'on va vous donner. Telle est l'idée qu'Omar se formoit des passions, lorsqu'il dit : *qui que tu sois, qui amoureux de la liberté, veux être riche sans bien,* puissant sans sujets, sujet sans maître, ose mépriser la mort : les Rois trembleront devant toi, toi seul ne craindras personne. » Ce » sont en effet les passions seules qui, por- » tées à ce dégré de force, peuvent exé- » cuter les plus grandes actions, & bra- » ver les dangers; la douleur, la mort, & » le ciel même. «

Que, dites-vous, Monsieur, de ce moyen d'acquérir de la force d'esprit ? Confondrons-nous toujours l'audacieux avec le grand ? Ce qu'eut été cette maxime proposée à quelqu'enfant de la vingtième génération d'Adam, vis-à-vis de ce premier Monarque de l'Univers; elle l'est dans tout Etat, puisqu'il n'est aucune forme de Gouvernement, ou l'on puisse souffrir ces monstres qui mettent la grandeur à braver les Loix, les Souverains & le Ciel même. Dieu nous préserve de la force d'esprit si l'on ne peut l'acquérir qu'en exaltant le feu des passions au point, qu'elles nous fassent perdre toute raison & toute lumière.

Dans quelle affiéte étoit l'esprit de M. H*** lorsqu'il a choisi cet exemple? Il faut qu'il y ait très-longtems qu'il a écrit ce morceau. Et combien s'éloigne-t'il de ses principes, soit en préconisant des excès dont sa modération le rend incapable, soit en se plaignant de la vigilance attentive des Magistrats sur la nation intolérante des Auteurs. Il fait consister la vertu dans l'heureux concours de l'intérêt du particulier avec l'intérêt public. Or dans quelqu'Etat que ce soit, il y a des maximes qu'on ne peut attaquer sans que le bien public n'en souffre beaucoup. Il y a même souvent des abus qui ne peuvent être réprimés qu'aux risques de déchirer le sein de la patrie, & contre lesquels il est très-dangereux de déclamer avec véhemence: donc quelques hautes que fussent des pensées, si elles sont contraires aux maximes essentielles d'un Gouvernement, ou propres à animer les peuples contre des abus auxquels on ne peut toucher sans s'exposer à briser les liens de la société civile, tout honnête homme s'abstiendra de les publier, si son amour propre est d'accord avec l'amour de la patrie.

Quant à ces pactes tacites du Souverain avec les peuples, dont l'Auteur ose parler plus d'une fois, je le prierai de nous expliquer quels ils pouvoient être entre Adam & la partie de la nombreuse postérité qu'il eut à gouverner, & nous conviendrons que ces mêmes pactes tacites subsistent entre le peuple & les Souverains. Les Rois ont leurs devoirs, on n'en peut pas douter & ces devoirs les obligent à être les peres tendres de leurs sujets, non par des conventions supposées entre eux & leurs sujets, mais par l'ordre exprès du Créateur, qui veut qu'ils gouvernent leur Monarchie avec la sagesse & la bonté, avec la conduite d'un bon pere dans le sein de sa famille. C'est dénaturer ces devoirs du Monarque, que de les faire dépendre d'un contrat tacite avec leurs peuples, c'est en même-tems les affoiblir. Situation redoutable ! qu'un Trône, où l'on est au-dessus des jugemens des hommes, & où l'on ne peut être jugé & puni que par le Tout-puissant, aux vengeances duquel ni les ressources de la politique la plus rafinée, ni l'art de voiler ses injustices, ni la violence la plus effrénée ne peuvent soustraire le souverain.

Ces traités tacites sont réprouvés par la Religion chrétienne, elle ignore tous ces rafinemens, elle a trouvé les Rois revêtus d'une autorité divine; puisque c'est celle du premier homme sur sa nombreuse famille, multipliée jusqu'à former de son vivant un peuple, le modèle de tous les peuples. Elle n'a pas fait les Rois, mais elle a enseigné à respecter en eux l'empreinte de la majesté de Dieu & à nous interdire à leur égard, & les coups de langue & les coups de main. De même dans les Etats où l'autorité est partagée, la Religion prescrit de se soumettre de cœur & d'esprit à ceux qui la possédent. Comme dans votre République, Monfieur, où il y a tant de Catholiques, qui vivent tranquilles à l'abri de vos fages loix.

Eſt-il permis dans les converſations privées de produire toutes les idées vives & vraies qui nous viennent, pour amuſer une compagnie aux dépens d'une perſonne préſente, ou abſente. Trouvons-nous notre liberté bleſſée par la loi naturelle de la diſcrétion, & pouvons-nous être moins réſervés, lorſque nous parlons en public des intérêts publics. Le zèle de l'Auteur éclate avec juſtice dans ſon Chapitre ſur l'Eſprit du ſiécle contre la médiſance, & il permettra qu'on en aiguiſe le dard venimeux contre la conduite de perſonnes en place, dont les particuliers jugent toujours ſans connoiſſance de cauſe; & il reclamera pour cette licence, ſoit qu'on s'y abandonne ou en particulier ou en public, ou bien il s'écriera qu'on n'a de liberté qu'en Angleterre.

Je ne comprends pas pourquoi certains

François font sonner si haut la liberté de ce païs-là. Les caprices de la multitude n'ont-ils pas de terribles inconvéniens ? L'Anglois porte deux chaînes au lieu d'une, celle dont le peuple le charge par laquelle il est tiré avec force, & à vives secousses n'est certainement pas la plus légére. Le Sage, & quelquefois le Monarque lui-même est entraîné par des haines nationales, dont il sent toute l'injustice, & participe malgré lui à des procédés qu'il condamne dans le fond du cœur. En Angleterre il est permis de tout dire mais non de tout faire. Or il faut être bien maîtrisé par la passion de parler, pour se cabrer avec tant de fureur contre la deffense de dire ce qu'il n'est pas permis d'exécuter.

Le scélérat qu'Omar nous dépeint, auroit beaucoup de courage, mais seroit-il pour cela un homme de beaucoup d'esprit. Le courage est dans le cœur, il appartient à la volonté, il ne peut être confondu avec le caractère de force propre

à

à l'esprit, & il ne donnera pas de l'esprit à celui qui n'en a pas. Marius, avec un courage héroïque, fut-il autre chose qu'un soldat intrépide & heureux? Cette méprise régne dans tout le sixième Chapitre du troisième Discours de l'Auteur, où il anticipe une infinité de choses qui convenoient au Chapitre du quatrième Discours, intitulé *de la force de l'Esprit.* Dans ces deux Chapitres si distans l'un de l'autre, il confond le courage avec la force d'esprit, & rapporte ces deux caractères différens, comme un seul, aux passions poussées à l'extrême. Un grand nombre d'exemples dont il appuie son paradoxe manifestent cette énorme confusion. C'est Porcie, femme de Brutus, qui se perce la cuisse, pour prouver à son mari qu'elle réunissoit deux qualités incompatibles; qu'elle étoit aussi propre à garder un secret, que curieuse de le sçavoir. C'est la Pythagoricienne Tymicha qui se couppe la langue avec les dents au milieu des supplices, pour ne point s'exposer à révéler les mistères de sa Secte : effet du fanatisme philosophique, comme l'appelle l'Auteur, qui prouve combien elle étoit persuadée de la doctrine qu'elle avoit embrassée. C'est le jeune Caton, celui d'Utique, qui demande l'épée de son Gouverneur, pour égorger Silla, en disant avec un excès d'orgueil très-ridicule & très-déplacé dans une extrême jeunesse; puisqu'il l'eût été dans sa vieillesse : *Caton vit, Rome est libre encore*. C'est une mere Chinoise dont l'action est citée tout aussi à propos, que le discours d'Omar, mais qui mérite d'être transcrite en entier.

De l'Esprit, pag. 300.

» En quels climats cet amour vertueux
» de la patrie n'a-t'il point exécuté d'actions
» héroïques ? A la Chine un Empereur
» poursuivi par les armes victorieuses d'un
» citoyen, veut se servir du *respect superstitieux* qu'en ce pays un fils a pour les
» ordres de sa mere, pour contraindre ce
» citoyen à désarmer. Député vers cette
» mere, un Officier de l'Empereur vient,

» le poignard à la main, lui dire qu'elle
» n'a que le choix d'obéir, ou de mou-
» rir. *Ton maître*, lui répond-elle avec un
» souris amer, *se seroit-il flatté que j'igno-
» re les conventions tacites mais sacrées qui
» unissent les peuples aux souverains, par
» lesquelles les peuples s'engagent à obéir &
» les Rois à les rendre heureux ? Il a le pre-
» mier violé ces conventions. Lâche exécu-
» teur des ordres d'un Tyran apprends d'u-
» ne femme ce qu'en pareil cas on doit à sa
» patrie. A ces mots arrachant le poignard
» des mains de l'Officier, elle se frappe & lui
» dit: Esclave, s'il te reste encore quelque ver-
» tu, porte à mon fils ce poignard sanglant,
» dis-lui qu'il venge sa nation, qu'il punis-
» se le Tyran, il n'a plus rien à craindre
» pour moi, plus rien à ménager : il est main-
» tenant libre d'être vertueux.* "

Je supprime mille réflexions, M. qui se présentent d'elles-mêmes à des esprits de sang froid, mais que l'enthousiasme de l'Auteur l'a certainement empêché de faire. Je remarque seulement que cet exem-

ple, & ceux que j'ai rapportés plus haut, d'après lui, prouvent très-bien que les personnages qui les ont donnés avoient du courage à propos, ou hors de propos. Mais ils ne prouvent pas qu'ils eussent en partage la force du génie, encore moins qu'ils l'eussent en tout genre. » Les passions doi-
» vent être regardées comme le germe pro-
» ductif de l'esprit, ce sont-elles, ajou-
» te-t'il, qui entretenant une perpétuelle
» fermentation dans nos idées, fécondent
» en nous ces mêmes idées, qui, stéri-
» les, dans des ames froides, seroient
» semblables à la semence jettée sur la
» pierre. « Il est très-vrai qu'une grande passion exerce & fait jouer les idées dans ceux qui l'éprouvent, lorsqu'elle ne les éteint pas, ce qui arrive très-souvent ; puisque de l'aveu de l'Auteur les passions nous aveuglent & nous précipitent dans l'erreur. Elles peuvent même suppléer le génie dans ceux qui n'en ont point; comme le vin transforme certains hommes froids en hommes vifs, guais, & amusans.

De l'Esprit pag. 472.

Mais comme le vin abrutit plus de bons esprits, qu'il n'en fait de bons; les passions traversent le bon Esprit, & laissent après leur fougue l'homme de peu de génie, tout aussi peu inventif qu'il l'étoit auparavant.

La cause de la méprise de l'Auteur est assez délicate. Il confond les sentimens qui animent dans le moment les ames courageuses, avec les expressions de ces sentimens qu'un homme d'esprit & tranquille prêtera à son Héros dans une Oraison funebre, dans une Histoire, dans une Tragédie, ou dans une Epopée. Ce seroient des traits de génie, dans un Orateur, dans un Historien, dans un Poëte, parce que ce seroient de leur part des sentimens pensés, & non sentis. Ce qui trompe l'Auteur, c'est la persuasion où il est, comme il le dit quelque part » qu'on ne » peut exprimer une passion, qu'au- » tant qu'on l'éprouve vivement. « Jamais Auteur Drammatique ne peignit avec tant de force l'ardeur pour la ven-

Q iij

geance, que le grand Corneille; jamais homme ne fut moins vindicatif que lui : nos Poëtes expriment parfaitement la valeur, sont-ils tous fort braves. La Chinoise dont on a parlé, ne *faisoit pas de l'esprit*, elle exprimoit ses sentimens. De même quand Parmenion disoit, j'accepterois les conditions de Darius, si j'étois Alexandre. Le Héros répond : & moi aussi si j'étois Parmenion. De la part du Héros c'est l'expression de la différence qu'il sentoit entre lui & son sujet. Ce n'est point force d'esprit, c'est force de courage. Mais si Alexandre n'eût jamais dit ce mot, & si Corneille le lui eut mis dans la bouche, ç'eut été de la part du grand Corneille, un trait de génie bien frappé.

Un homme qui s'annonce comme ayant approfondi tout ce qui a échappé aux autres hommes, ne devroit pas manquer une précision de cette espèce. Un homme de goût, comme il l'est réellement, n'auroit pas donné pour un exemple de la force du génie produite par les grandes passions l'ordre que Kiska donna de faire un tambour de sa peau, pour mettre en fuite les Catholiques, encore moins auroit-il assuré fort gravement que le son de ce tambour funeste dissipa toujours les Catholiques; comme le cornet d'Astolphe dans l'Arioste. Un esprit juste, pour établir sa thèse, n'auroit point mêlé à des traits de génie de quelques grands hommes, des supercheries fondées sur la connoissance de la stupidité du peuple, plutôt que sur des vuës approfondies. Il ne proposeroit pas comme un trait de fine politique, le sot orgueil d'Alexandre qui voulut passer pour le fils de Jupiter Ammon, orgueil sacrilége qui enleva à ce Conquérant tous ses amis, l'exposa aux railleries des soldats, & fut la cause de sa mort; il n'allégueroit que comme un trait de foiblesse la confiance imbécille de Marius pour une diseuse de bonne avanture, & dans Sertorius, tenant conseil avec sa Biche, il nous feroit rire d'un

Q iv

artifice grossier plus propre à annoncer la bêtise des soldats de ce Général qu'à prouver la supériorité de son génie.

Enfin fut-il persuadé que la Pucelle d'Orléans fût une machine du Comte de Dunois (& pourquoi du Comte de Dunois ?) Il n'auroit point confondu une des plus glorieuses époques de notre Histoire, avec les petits faits que je viens de relever. Enfin un Auteur, qui, comme il le prétend, seroit un observateur attentif de tous les phénomènes que présente l'espèce humaine, conviendroit que les personnes passionnées donnent presque tous leurs succès moins au génie qu'au hasard. Il ne nous diroit point avec emphâse :
» Qu'on examine chaque passion en par-
» ticulier : l'on verra que toutes sont tou-
» jours très-éclairées sur l'objet de leurs
» recherches ; qu'elles seules peuvent
» quelquefois appercevoir la cause des
» effets que l'ignorance attribue au ha-
» sard ; qu'elles seules par conséquent
» peuvent retrécir, & peut-être un jour

« détruire entiérement l'empire de ce ha-
« sard, dont chaque découverte resserre
« nécessairement les bornes. » Etrange
discours, qui ne présente aucune idée précise; & qui combat l'expérience, laquelle nous apprend, que toutes les passions vives sont irritées par l'impatience, & que l'impatience porte toujours à s'abandonner au hasard; ou, pour parler plus clairement, à agir à l'aventure. Et c'est précisément ce qui, bien loin d'échauffer le génie, le traverse, lui impose silence, & fait souvent échouer les grands hommes dans des entreprises bien conçues, & trop précipitées; tandis que l'étourdi emporté par une passion aveugle, réussit par les mesures les plus mal concertées.

Adieu, Monsieur, c'en est assez sur une matiére sur laquelle, en l'entamant, je n'avois pas dessein de m'étendre autant que je l'ai fait. J'ai l'honneur d'être, &c.

⚜

LETTRE SIXIÉME.

On examine les maximes de Monsieur H***. sur l'Esprit juste, & le bon sens.

Quand j'ai eu l'honneur de vous parler avantageusement du quatrième Chapitre du dernier Discours de l'Esprit; j'aurois dû en excepter le jugement que l'Auteur porte de M. de Fontenelle, à qui il ne veut pas accorder le titre d'homme de génie dans le seul genre où ce titre convienne à son ami, je veux dire dans la maniére de traiter les Sciences, en les dégageant de leur jargon rebutant, & en amusant agréablement les esprits les moins attentifs, des objets les plus abstraits; & les plus difficiles à saisir. M. de Fontenelle est unique dans ce genre d'écrire. Il en est l'inventeur. Or je demande à tout connoisseur, s'il n'y a pas autant de génie dans la maniére dont M. de Fontenelle traite les sciences que dans la maniére dont Corneille exprime les grandes passions & dont Racine rend le sentiment, & s'il est plus utile au Public de faire parler un Héros, comme il doit penser & sentir, que de faire parler les Sciences avec une dignité agréable, & propre à intéresser ceux qui ont le moins de goût pour tout ce qui applique, pour tout ce qui instruit. Si M. de Fontenelle eut fait d'assez froides Tragédies, je pense que Corneille eut traité les Sciences plus gravement qu'agréablement, & je doute que Racine y eut jetté beaucoup d'amenité. Nous examinerons aujourd'hui, si vous le voulez bien, M. ce que M. H*** nous enseigne touchant les caractères de l'esprit juste & du bon sens. Il avoit traité des méprises de sentiment, s'il eut voulu étudier celles d'idées, il se seroit surpris dans des fautes si lourdes & si grossiéres; qu'il n'eut jamais ambitionné le titre d'Auteur.

On entend par esprit juste celui dont le

tact est sûr par rapport aux idées, qui sçait distinguer les rapports qu'il voit clairement entre elles, de ceux qu'il ne voit que confusément; qui sçait affirmer, nier, ou susprendre son jugement à propos, & déduire des conséquences légitimes & vraies. L'esprit juste est par rapport aux idées & au raisonnement ce qu'est le goût par rapport aux sentimens, il n'invente pas toujours, & c'est en cela qu'il diffère du génie. L'Auteur en pense bien autrement.

De l'Esprit, pag. 549.
» On n'entend communément par esprit » juste « selon lui » que la sorte d'esprit » propre à tirer des conséquences justes, » & quelquefois neuves, des opinions » vraies ou fausses qu'on lui présente. « Cela veut dire que l'esprit juste ne s'étend pas jusqu'à juger si une opinion est vraie, fausse, ou douteuse, ni à régler son jugement sur la valeur de cette opinion. N'est-ce pas confondre le Dialecticien avec l'esprit juste?

De sa définition on conclueroit fort aisément, qu'un esprit juste pourroit bien n'être qu'un sot. Et l'Auteur nous en donne un exemple fort noble, & qu'il exprime aussi noblement qu'il convient. Ici le défaut de goût va avec le défaut de justesse dans notre Auteur. „ Un Indien va„ poreux, " le terme est doux „ s'étoit „ imaginé que, s'il pissoit, il submerge„ roit tout le Bisnagar. En conséquence „ ce vertueux citoyen, préférant le sa„ lut de sa patrie au sien propre, rete„ noit toujours son urine; il étoit prêt à „ périr, l'orsqu'un médecin homme d'es„ prit, entre tout effrayé dans sa cham„ bre. Narsingue (capitale du Bisnagar) „ lui dit-il est en feu, ce n'est bientôt „ qu'un monceau de cendres : hâtez-vous „ de lâcher votre urine. A ces mots le bon „ Indien pisse, raisonne juste, & passe pour „ fou. "

Voilà Montaigne avec son indécence cavaliére. Où est donc la justesse d'esprit? A imaginer qu'on peut fournir de son propre corps la quantité d'eau nécessaire pour éteindre l'incendie d'une Ville.

Autre exemple de la justesse d'esprit proposé par notre Auteur, & tout aussi singulier que le premier. „ Les esprits justes „ pouvoient regarder l'usage où l'on étoit „ autrefois de décider de la justice, ou de „ l'injustice d'une cause, par la voye des „ armes, comme un usage très-bien éta- „ bli. Il leur paroissoit la conséquence jus- „ te de ces deux propositions. Rien n'ar- „ rive que par l'ordre de Dieu, & Dieu „ ne peut pas permettre l'injustice. " La seconde de ces propositions est démontrée fausse par tout ce qui se passe dans le monde & dans tous les tems. Elle ne peut être avancée que par ceux, qui, comme M. H*** prétendent que rien n'est injuste en soi.

De l'Esprit, pag. 550.

„ S'il s'élevoit une dispute sur la proprié- „ té d'un fonds, sur l'état d'une personne; „ si le droit n'étoit pas bien clair de part „ & d'autre, on prenoit des champions „ pour l'éclaircir. L'Empereur Othon vers „ l'an 968, ayant consulté les Docteurs,

» pour sçavoir si en ligne directe la repré-
» sentation devoit avoir lieu ; comme ils
» étoient de différens avis, on nomma
» deux braves pour décider ce point de
» droit. L'avantage étant demeuré à celui
» qui soutenoit la représentation, l'Em-
» pereur ordonna qu'elle eût lieu à l'ave-
» nir.« l'Auteur rapporte aussi les différentes épreuves de ces tems-là. Ce sont autant
de traits d'imbécillité qu'il nous cite ; & il
appelle cela de la justesse d'esprit. Chaque
siécle apprête toujours à rire au siécle suivant par quelque endroit, notre Auteur le
dit quelque part. Ces bêtises superstitieuses
des siécles d'ignorance fournissoient le contingent de ridicule dû à la postérité ; comme nous fournissons le nôtre par l'espèce
de Philosophes qui brillent parmi nous.

Encore un autre exemple de la justesse
d'esprit tout aussi sagement cité. » Le
» Théologien Chinois, qui prouve les
» neuf incarnations de Wisthnon, & le
» Musulman qui, d'après l'Alcoran, sou-
» tient que la terre est portée sur les cor-

» nes d'un taureau, se fondent certaine-
» ment sur des principes aussi ridicules que
» ceux de mon Indien ; cependant l'un &
» l'autre seront chacun en leur pays, ci-
» tés comme des gens sensés. Pourquoi le
» seront-ils ? C'est qu'ils soutiennent des
» opinions généralement reçuës. En fait
» de vérités religieuses, la raison est sans
» force contre deux grands Missionnaires,
» l'exemple & la crainte. D'ailleurs en
» tout pays les préjugés des grands sont
» la loi des petits. Le Chinois & ce Musul-
» man passeront donc pour Sages unique-
» ment parce qu'ils sont fols de la folie
» commune. « M. H*** confond la justes-
se d'esprit avec la crédulité nationale, effet naturel de l'éducation. Les Lecteurs mal intentionnés ne manqueront pas d'envelopper dans sa censure l'institution Chrétienne ; & de soupçonner l'Auteur d'y faire allusion. Mais quelle différence palpable. Je vous ai promis, Monsieur, de démontrer dans un ouvrage auquel je mettrois dès à présent la dernière main,

si j'avois toute la liberté d'esprit que demande un Livre de cette importance, de vous démontrer, dis-je, que le Catholique seul peut faire triompher sa foi de ce vers de Zaïre.

Musulmane à Solime & Chrétienne à Paris.

Cette pensée qu'il semble que M. H*** veuille rappeller, est juste & naturelle de la part d'une infidèle qui ignore les vrais principes du Christianisme ; mais qu'elle seroit fausse ! dans la bouche d'un Catholique. Plût à Dieu qu'elle le fût également dans votre Communion, Monsieur. Vos plus habiles Ministres ont desespéré de justifier l'institution chrétienne, certainement ce n'est pas faute de talens, ni à mauvaise intention, & l'on n'en peut accuser que les principes de la Réformation qui rendent impraticable l'apologie de la foi, dans les enfans & dans les simples. J'ai d'autant plus d'impatience de donner mon Ouvrage, qu'il vous prouvera invinciblement que l'Eglise Catholique est

I. Partie. R

la seule, où les enfans & les simples puissent être conduits sûrement & raisonnablement au Médiateur qui les appelle, & qui vous oblige de les laisser approcher de lui. Et c'est ainsi que j'espére remplir le plan de démonstration de la Religion dont M. Pascal ne nous a donné qu'un très beau canevas. Douces espérances de réunion, d'autant plus probables que l'autorité pontificale déposée en des mains qui ne sçavent pas en abuser, n'a rien qui la puisse rendre odieuse, ni aux Républiques, ni aux Monarchies, rien qui puisse éloigner du centre de l'unité. Mais il n'est pas possible de vous développer ici mes idées, sans les tronquer, & par conséquent sans en énerver la force.

Je passe les anecdotes trivialles, d'une Inscription mise à un Pont : *Ce présent Pont a été fait ici.* Je passe le conte de personnes secourables qui voulant retirer un homme d'un puits lui passent au col un nœud coulant, & le retirent étranglé ; pour nous prouver cette importante maxime, ” que

De l'Esprit, pag. 551.

« celui-là seul est cité comme bête qui
» n'est pas bête de la bêtise commune. «
Ramenons l'Auteur à un nouveau caractère qu'il donne à l'Esprit juste, dont lui-même n'est pas un modèle dans ce Chapitre sur tout. Et comment chercheroit-il à se faire valoir par cette qualité plus solide que brillante; il en a si mauvaise opinion. » Le propre de l'Esprit juste est, a pag. 553.
dit-il » de tirer des conséquences exactes
» des opinions reçues : or ces opinions
» sont fausses pour la plûpart ; l'Esprit ju-
« ste n'est donc le plus souvent que l'art
» de raisonner méthodiquement faux. «
Si M. H*** eut réduit l'Esprit juste à l'art
de déraisonner élégamment, il eût rétabli bon nombre de Philosophes modernes dans la classe des Esprits justes, d'où le Public les a chassés. Et il y tiendroit son coin; passez moi cette saillie.

» Peut-être cette sorte d'Esprit « ajoute-
t'il, » suffit pour faire un bon Juge ; mais
» jamais elle ne fait un grand homme :
» quiconque en est doué n'excelle ordi-

R ij

„ nairement en aucun genre, & ne se
„ rend recommandable par aucun talent.«
A entendre l'Auteur, il sembleroit que le
génie exclud la justesse de l'Esprit, &
que, pour avoir du génie, il faut ressembler à ces Auteurs que la haine de la Religion échauffe, & précipite dans une des plus pauvres espèces de fanatisme (celui de la Philosophie,) & qui se font de leurs folles imaginations des dogmes de foi pour eux, même dans la confiance insensée d'y asservir l'Univers.

Qu'il permette de lui représenter que le génie ne suffit pas pour faire un grand homme ; s'il n'est joint à la justesse de l'Esprit, où s'il n'est réglé par l'Esprit juste. C'est sans ce guide un cheval vigoureux plein de feu, & sans frein ; il caracolle, il saute, il rue, il galoppe, & amuse le Spectateur ; mais il ne rend aucun service à l'homme. Tel est l'Ariofte ; ce n'est qu'un extravagant qui a beaucoup de génie, & de ce génie qui dépend presqu'entiérement de l'imagination. Milton est tant soit peu l'Arioste des Anglois. Mais il avoit l'imagination plus noble, plus soutenue, plus sage que celle de l'Italien. Rien de grivois. Mais aussi la naïveté lui manque, & elle fait une partie du mérite de l'Arioste. Nos Philosophes modernes sont les Ariostes de la Philosophie.

J'ose dire de plus que la justesse d'esprit réunie à la finesse & à la sûreté du goût, peut faire un grand Roi, un grand Ministre, sans le génie inventif. Ne disons-nous pas avec effusion de cœur le grand Colbert? Est-ce parce qu'il a inventé toutes les grandes & les belles choses qui font la gloire de son administration, ou parce qu'il eut le tact fin, pour discerner les Grands hommes; pour saisir les projets utiles, ou glorieux à la Nation, pour appliquer le mérite de chacun, où il pouvoit avoir plus de succès. Il aimoit les Grands hommes, il les a fait valoir. Il s'est justement approprié leurs travaux. S'il eut été leur rival, eut-il été plus grand? S'il n'eut fait que de belles

Tragédies, ou de beaux Discours, n'eut-il pas perdu de sa gloire, & par ce genre de gloire qu'il eut acquis, eut-il mérité ces sentimens tendres que son nom réveille & réveillera dans le cœur des bons François, dans tous les âges de la Monarchie? Je ne crains point que cette observation souffre la moindre contradiction. Comment l'Auteur a-t'il donc pu ajoûter à ses déclamations, cette phrase qui a tout l'air d'une maxime très-hasardée. ʺQuicon- ʺque en est doué ʺ de la justesse d'esprit ʺ n'excelle ordinairement en aucun gen- ʺ re, & ne se rend recommandable par ʺ aucun talent, ʺ la belle leçon pour les Ministres qui ne pourroient s'abbaisser *à faire de l'esprit* sans se rendre ridicules, & dont toute la gloire dans la République des Lettres consiste à chercher le génie, à le protéger, à l'encourager, à le mettre dans cette situation commode où le besoin ne traverse pas les Etudes ; ne fût-ce que pour expier les mauvais choix, auxquels la brigue, la faveur les contraignent de se prêter. Parmi les leçons qu'il s'ingére de donner à tous les gens en place dans tous les Gouvernemens, il en oublie une qu'ils sont très-intéressés à sçavoir. C'est qu'on ne voit jamais un Grand homme célèbre par des travaux de génie utiles à sa Patrie, qu'on ne pense à eux.

Ce sont les Esprits justes, & qui joignent le goût sûr à la justesse, qui décident de la réputation des Grands hommes & de la valeur de leurs ouvrages. Si ceux-ci n'étoient jugés que par leurs égaux, quels risques leur gloire ne coureroit-elle pas? Les Esprits justes ne sont pas les émules du génie; ils sont sans prétentions, & sans intérêt. Situation où il est bien difficile de mettre un Auteur pour juger sainement de son propre Ouvrage. Car la tête de l'homme de génie doit être en feu pour produire, au moins certains genres de composition; il doit se livrer à l'Entousiasme, non à celui qui naît de l'orgueil, ou de l'extrême admiration qu'on a pour soi-même; mais à celui qu'excite la grandeur du sujet qu'on entreprend de traiter. La méprise en ce point est très-dangereuse. Tous les pompeux discoureurs de riens n'ont que la première espèce d'Enthousiasme. On voit dans leurs Ouvrages qu'ils ne s'oublient jamais, & qu'ils se montrent toujours au Lecteur, & l'occupent plus d'eux-mêmes que de leur sujet. Et c'est à cette marque qu'on distingue infailliblement, si l'Enthousiasme est yvresse d'orgueil, ou feu de génie. Le Public s'y trompe quelquefois, il boit à longs traits l'orgueil d'un Auteur, il s'enyvre; mais l'yvresse n'a qu'un tems pour lui; elle est habituelle pour l'Auteur qu'elle met hors d'état d'apprécier de sang froid ses propres Ouvrages. Voilà l'histoire du jour.

L'Enthousiasme que produit dans le génie, la grandeur des objets dont il s'occupe, auroit presque les mêmes inconvéniens, s'il se soutenoit habituellement au même point. Mais la chaleur de la composition se rallentit, la tête devient rassise & calme. Si dans ces momens heureux où le génie est réduit à l'Esprit juste, il n'examine pas en Aristarque sevère les belles choses qui ont coulé de sa plume ; il s'exposera à donner de belles extravagances, pour des morceaux parfaits, & le galimatias harmonieux, pour des vérités sublimes. En général le génie ne s'enflamme que par accès, & si l'accès fini ne tranche pas avec le calme, au point que l'Auteur croye lire l'Ouvrage d'un autre en se lisant lui-même, jamais il ne sera propre à apprécier sûrement ses travaux. Et même dans ces intervalles lucides où l'homme de génie n'est plus emporté par son objet, où il se sent maître de lui-même, où il est en état de mesurer ses élans, ses transports, ses fougues, dans cette situation tranquille il doit se défier des retours de l'amour propre qui l'empêcheront de juger de ses enfans avec une parfaite impartialité. Le plus sûr est d'imiter les Grands hommes qui ont toujours consulté de bons Esprits, incapables de produire de grands Ouvrages ; & très-propres néanmoins à en juger.

M. H*** taxe les Esprits justes d'une haine effrénée pour les génies du premier ordre. Il se fait cette objection. » L'Es- » prit juste obtient, dira-t'on, souvent l'es- » time des gens médiocres, j'en conviens. » Mais leur estime, en lui faisant conce- » voir une trop haute idée de lui-même, » devient pour lui-même une source d'er- » reurs ; erreurs auxquelles il est impos- » sible de l'arracher « probablement il n'y tombe pas par la justesse de son esprit. » Car enfin si le miroir de tous les » conseillers, le Conseiller le plus poli, & » le plus discret « cela vaut bien le Conseiller des graces dans les Précieuses ridicules de Moliére » n'apprend à personne à » quel point il est difforme, qui pourroit » désabuser un homme de la trop haute » opinion qu'il a conçuë de lui-même, sur- » tout lorsque cette opinion est appuyée » de l'estime de la plûpart de ceux qui » l'environnent. « Diriez-vous, Monsieur, que le *Conseiller des graces*, n'est pas

pag. 553.

en même-tems le fidèle Conseiller des difformités. On est la duppe de sa physionomie, parce qu'on la regarde tendrement. Notre figure nous rit, & nous considére affectueusement, c'est un ami de cœur que nous aimons en elle. Elle nous plait, parce que nous avons de l'attachement pour elle; mais cet amour n'empêche pas que la personne qui se regarde dans un miroir ne trouve en elle des traits qu'elle voudroit bien réformer, ou dont elle souhaiteroit de déguiser le defaut. La glace est polie, mais elle ne rend que ce qui lui est présenté. Et ce n'est pas sa faute, si la coquette étudiant des minauderies, n'apprend qu'à faire des grimaces. C'est l'amour propre déréglé qui fournit un miroir infidèle.

» Delà cependant « poursuit-il » cette
» confiance de l'Esprit juste en ses propres
» lumiéres, & ce mépris pour les Grands
» hommes qu'il regarde souvent comme
» des visionaires, comme des esprits systhématiques
» & de mauvaises têtes. «

Est-ce-là nous peindre des Esprits justes. On lui demande encore de qui donc il se promettoit la gloire à laquelle il aspiroit en composant son livre, est-ce de la part de cette petite ligue qui avoit pour dévise il y a un an :

.... Nul n'aura d'esprit que nous & nos amis.

Quel mécompte de sa part. La devise est changée & chacun dit à présent ; *nul n'aura d'esprit que moi.*

En bonne foi, Monsieur, reconnoissez-vous un Esprit juste dans cet apostrophe ?

p. 554.
» O Esprits justes ! Leur diroit-on, lors-
» que vous traitez de mauvaises têtes ces
» Grands hommes ; qui du moins sont si
» supérieurs dans le genre où le Public les
» admire, quelle opinion pensez-vous que
» le Public puisse avoir de vous, dont
» l'Esprit ne s'étend pas au-delà de quel-
» ques petites conséquences tirées d'un
» principe vrai ou faux, & dont la dé-
» couverte est peu importante. Toujours
» en extase devant votre petit mérite ,

» vous n'êtes pas, dites vous, sujets aux
» erreurs des hommes célébres. Oui sans
» doute, parce qu'il faut ou courir, ou
» du moins marcher pour tomber. Lors-
» que vous vantez entre vous la justesse
» de votre esprit, il me semble entendre
» des culs-de-jatte se glorifier de ne point
» faire de faux pas. «

L'esprit juste comparé à un cul-de-jatte ! C'est un homme qui marche sur la terre, à la vérité qui n'y marche que sur des terrains qu'il sent être solides, mais qui peut également y aller à grands pas & y faire avec sûreté beaucoup de chemin. Il voit les Aigles voler, pénétrer les nuages, & planer au dessus. Il les admire & ne se flatte pas de les imiter. Mais il voit aussi des Icares, dont les aîles postiches mal affermies ne les élévent à la région où les Aigles se jouent, que pour faire fondre la cire, qui les attache, & amuser le spectateur.

Laissons, Monsieur, ces vaines déclamations contre les Esprits justes. L'Auteur avoit de très-bonnes raisons, pour être mécontent d'avance de cette espèce précieuse à l'humanité, si utile aux génies mêmes & qui n'est pas aussi commune qu'il seroit à souhaiter.

Vous vous confirmerez, Monsieur, dans l'idée que vous aurez prise du peu de scrupule que l'Auteur se fait de décrier de son mieux la justesse d'esprit, en lisant son Chapitre X. où il traite des méprises du sentiment, il y dégrade la tendresse paternelle. Et vous jugez, Monsieur, quel coup funeste il porte à la tendresse filiale par ses réflexions hasardées.

De l'Esprit pag. 558. 559.

» Parmi les peres & les meres... les
» uns sont affectés du sentiment de la pos-
» téromanie, dans leurs enfans ils n'aiment
» proprement que leur nom. Les autres sont
» jaloux de commander, & dans leurs
» enfans ils n'aiment que leurs esclaves.
» L'animal se sépare de ses petits, lors-
» que leur foiblesse ne les tient plus dans
» la dépendance, & l'amour paternel s'é-
» teint dans presque tous les cœurs, lors-

» que les enfans ont par leur âge, ou par
» leur état, atteint l'indépendance. Alors
» dit le Poëte Saadi, le pere ne voit en
» eux que des héritiers avides; & c'est
» la cause « ajoute le même Poëte » de
» l'amour extrême de l'ayeul pour ses pe-
» tits-fils, il les regarde comme les enne-
» mis de ses ennemis. «

Malheur aux enfans qui méritent de n'être regardés par leur pere que comme des héritiers avides. Mais n'en déplaise au Poëte Saadi, sa conjecture si peu naturelle est très-fausse, & elle ne peut tomber que sur un mauvais cœur. La tendresse des peres est plus mâle à l'égard de leurs enfans devenus adultes, elle n'est plus caressante; mais elle n'est pas moins forte. Le goût pour les caresses revient aux vielles gens. Ils aiment à être aimés, & sont peut-être plus sensibles aux caresses naïves de leurs petits-fils, qu'ils ne l'étoient dans la vigueur de l'âge à celles de leurs propres enfans. Il ne sont plus susceptibles que d'une tendresse pure.

Le sentiment de la Postéromanie est-il donc si ridicule, & si nouveau ? N'est-il pas dans la nature ? N'est-il pas intéressant pour le bien de l'Etat ? Est-ce un sentiment abstrait, qui exclud l'amour des enfans pour eux-mêmes ? Que l'Auteur entre dans la cabane du pauvre. C'est le temple de la pure nature. Il y verra une troupe, quelquefois composée de petits monstres, chéris tendrement de leur pere, & qui font avec une femme séche & hâlée son bien unique, & toutes les douceurs de sa vie. Il verra ces bonnes gens s'éxeder de travaux pour leurs enfans, & se dérober le nécessaire pour fournir à la gourmandise de leur progéniture. Sont-ils aimés pour eux-mêmes, ces pauvres enfans ? Le bon Païsan n'aime-t'il en eux que son nom ? O ! espèce d'hommes si négligés, si méprisés, quoique vous fassiez le fond des ressources de l'État en tant de genres, que je trouve vos cabanes augustes, au milieu des horreurs de la pauvreté. Vous êtes les vrais Philosophes,

losophes, parce que vous êtes les vrais disciples de la nature. Que ne pourrois-je pas dire de la tendresse des meres!

Quoi! M. H*** est pere, il a un femme aussi aimable que respectable, & il ignore que l'amour paternel & maternel est un sentiment particulier des entrailles, qui différe essentiellement de toutes les espèces de tendresse, & qui n'a pas besoin d'être excité par des motifs, puisque c'est lui qui fait trouver beaux, spirituels, amusans aux yeux des peres des enfans difformes, sots, ennuyeux pour tout le reste des hommes.

„ Il est « poursuit l'Auteur » des peres » & des meres qui dans leurs enfans n'ap- » perçoivent qu'un joujou, & qu'une oc- » cupation. « Pourquoi s'en amusent-ils, pourquoi s'en occupent-ils ? C'est parce qu'ils les aiment. S'intéressent-ils beaucoup à voir jouer les enfans des autres ? N'en sont-ils pas ennuyés & excédés ? Pourquoi ? Je le demande à l'Auteur. Il compare la tendresse paternelle à l'amour de M. de Lauſun pour une araignée qui l'amuſoit dans ſa priſon, & cette douleur cruelle qu'éprouve une mere tendre qui vient de perdre ſon fils, au chagrin qu'éprouva le priſonnier lorſque ſon barbare Gouverneur, écraſa ſon joujou. Quelle horreur ! L'Auteur a beau déclamer, les ſentimens que la nature inſpire ſont & ſeront toujours communs. Ceux qui les étouffent ſont des monſtres, & les monſtres ſont rares. L'Auteur ne mérite donc pas d'être écouté, quand il nous répete :

pag. 560. „ On chérit rarement un enfant pour lui-
„ même, cet amour paternel dont tant de
„ gens font parade, & dont ils ſe croyent
„ tendrement affectés, n'eſt le plus ſou-
„ vent en eux, qu'un effet ou de ſenti-
„ ment de la poſtéromanie, ou de l'or-
„ gueil de commander, ou d'une crainte
„ de l'ennui, & du deſœuvrement. « Qu'il ſe plaigne plutôt amérement de ces peres que leur amour paternel aveugle, qui ſe diſſimulent les défauts de leurs enfans; qui s'inquiétent peu s'ils ſeront remplacés eux-

mêmes par d'honnêtes gens ; qu'il se plaigne d'une autre espèce, qui n'est pas rare à Paris ; de ces hommes qui ne vivent que pour eux ; & qui regardent comme une dépense perdue celle qui seroit employée à élever ou à établir leurs enfans. Ce sont-là les monstres. Je passe plus aisément à l'Auteur la sortie qu'il fait contre les dévôts fanatiques, ou peu éclairés qui frondent la vraie philosophie ; il argumente très-solidement contre eux. » Une » pareille méprise de sentiment, « dit-il, tout de suite » persuade aux dévôts fana- » tiques que c'est à leur zèle pour la Re- » ligion qu'ils doivent la haine qu'ils ont » pour les Philosophes, & les persécutions » qu'ils excitent contre eux. « J'observerai s'il lui plaît que s'il y a de faux dévots, il y a de faux Philosophes, & qu'on n'est pas un faux dévôt, pour attaquer une fausse Philosophie, ni pour venir au secours de la raison attaquée de toutes parts. » Mais, leur dit-on, où l'opinion qui » vous révolte dans l'ouvrage d'un Phi-

» losophe est fausse, ou elle est vraie.
» Dans le premier cas, vous pouvez,
» animés de cette vertu douce que sup-
» pose la Religion, lui en prouver phi-
» losophiquement la fausseté; vous le de-
» vez même chrétiennement. Nous n'exi-
» geons point, dit saint Paul, une obéis-
» sance aveugle, nous enseignons, nous
» prouvons, nous persuadons, « c'est un
devoir que je remplis avec une véritable
cordialité à l'égard de M. H***, & j'espére que tout au moins il me pardonnera
le service que je lui rends en qualité de
Philosophe. Car il conviendra que je me
tiens fidélement dans ma sphére, & que
je n'empiéte point sur le droit qu'ont les
Théologiens de lui donner des leçons,
dont la premiére seroit de l'avertir qu'il
devroit citer saint Paul fidélement, &
dans les propres termes de l'Apôtre, qui
mérite bien cette petite attention.

» Dans le second cas, « ajoute-t'il,
» c'est-à-dire, si l'opinion de ce Philoso-
» phe est vraie, elle n'est point alors con-

» traire à la Religion : le croire seroit un
» blasphême. Deux vérités ne peuvent
» être contradictoires : & la vérité, dit
» M. l'Abbé de Fleuri, ne peut jamais
» nuire à la vérité. « Il n'y a rien à re-
dire dans ces réflexions. La Religion ajou-
té de nouvelles lumiéres à la raison, &
ne lui en enléve aucune. Ce n'est qu'une
Philosophie ténébreuse qui résiste à la
raison.

» Mais cette opinion, dira le dévôt fa-
» natique, ne paroît pas se concilier avec
» les principes de la Religion. Vous pen- *pag. 561.*
» sez donc, lui repliquera-t-on, que tout
» ce qui résiste aux efforts de votre es-
» prit, & ce que vous ne pouvez conci-
» lier avec les dogmes de votre Religion
» est réellement irréconciliable avec ces
» mêmes dogmes. «

Cette réflexion peut-être de mise à l'é-
gard de quelques particuliers ; mais opposée au soulévement général du corps des
Chrétiens guidés par l'instinct lumineux
& sacré de la foi ; ce seroit une pétulence

S iij

intolérable. Je puis deffier les dévôts superstitieux, & tous les Philosophes de citer une seule vérité nouvelle ou ancienne de la raison qu'on puisse, avec quelque couleur, mettre en opposition avec les dogmes de la révélation.

L'Auteur est bien persuadé que ce fut le faux zèle qui persécuta Galilée ; mais il ne sçait pas l'histoire de ce Grand homme. Un Cardinal avoit publié un petit Ecrit très foible & très misérable contre Galilée : Celui-ci mit en poudre la censure, & fit rire toute l'Italie aux dépens de l'Ouvrage & de l'Auteur. Malheureusement pour le Philosophe le Cardinal devint Pape, & n'oublia pas l'aigre critique. Il fit mettre l'Auteur à l'Inquisition. Toute l'Italie en murmura. Mais Galilée y fut traité très-humainement, peut-être malgré son persécuteur. Après avoir fait la déclaration qu'on lui extorqua, il s'en mocquoit impunément, & même lorsqu'il étoit encore dans les prisons de l'Inquisition. On entra chez lui un jour qu'ayant suspendu un chapon à une corde devant son feu, il s'amusoit utilement à tordre la corde pour faire rôtir également son chappon, faute de broche. Celui qui le surprit dans cette occupation rit de l'amusement du Philosophe. Riez-vous, lui dit celui-ci de ce que je ne transporte pas mon foyer autour de mon chapon. Au reste il ne faut pas s'imaginer que Galilée fut un incrédule. Dans le cours de la vie civile, il n'eut pas eu la pédenterie de changer le langage ordinaire. Il eut dit comme tout autre, l'été le soleil se léve là, & se couche à tel point de l'horison. Il ne se fut pas exprimé en conversation, comme feroit quelque précieux ridicule qui diroit le soleil paroît se lever là, & se coucher en tel autre endroit. Il sçavoit très-bien que Josué voulant exprimer le desir qu'il avoit que le jour fut fixé pour quelque tems au même point où il étoit, ne dit, soleil arrête-toi, que pour faire saisir son idée à son armée. Il ne devoit donc pas ordonner à la terre de cesser de tourner sur son essieu. Quel est le soldat qui eût compris l'objet du vœu du Général ? Pour se faire entendre des hommes, il faut réveiller leurs idées ou leurs préjugés ; & employer leur langage toujours réglé par le sensible, & non par les notions philosophiques. Ainsi l'opinion ne prit rien sur la foi dans Galilée. Il n'étoit pas nécessaire qu'il fut grand Théologien, pour concilier l'une & l'autre.

L'Anecdote dont j'ai l'honneur de vous faire part, Monsieur, prouve que l'Auteur de la note à la page dont j'ai tiré le dernier extrait ne s'exprime pas exactement quand il nous dit que *même en Italie on ne se rappelle qu'avec horreur le traitement que l'Inquisition fit à ce Philosophe*. S'il veut faire entendre qu'en Italie on trouve mauvais la vexation qu'on exerça contre Galilée en le privant de sa liberté pour lui extorquer une rétractation ; il a raison : mais s'il veut faire entendre que ce Philosophe fut maltraité dans les prisons de l'Inquisition ; il n'est pas bien instruit ;

& le fait que je rapporte démontre le contraire.

Je dis l'Auteur de la note, car je ne puis l'imputer à M. H***, la fatire amère qu'il fait contre l'Eglife en lui reprochant la tolérance d'un ufage barbare & condamné par les SS. Canons, * & il fait contrafter cet ufage inhumain avec les afiles près des Temples auxquels les Souverains Pontifs n'ont ofé toucher, jufqu'à ce que le dernier Pape en les fupprimant ait fait voir qu'il n'eft point d'abus qui puiffe réfifter à l'autorité perfonelle que la vertu & les lumiéres ajoutoient en lui à la dignité Pontificale.

M. H*** n'a pu donner dans ce travers; puifqu'il a fi bien diftingué l'abus de l'autorité eccléfiaftique de la part de quelques Miniftres des Autels, d'avec l'efprit de l'Eglife. D'ailleurs peut-il ignorer la diftinction qu'on doit faire entre la puiffance temporelle du Pape, & fon autori-

* Il parle du facrifice cruel & injufte des enfans, aux efpérances qu'ils donnent d'une belle voix.

té eccésiastique. Il sçait très-bien que les Souverains sont obligés de fermer les yeux sur certains usages autorisés par une apparence de bien.

A Rome on est persuadé qu'il vaut mieux faire paroître sur le théatre des personnes que l'avarice inhumaine des parens a rendues infâmes dans le secret de la famille, que d'y faire représenter des filles postituées, pour y recevoir des applaudissemens autant de leurs désordres publics que de leurs talens ; & pour faire de la Tragédie & de la Comédie qu'on ne tente de justifier qu'en leur donnant le titre d'Ecole des grands sentimens & des mœurs, une sorte d'Ecole de prostitution.

Ailleurs on pense différemment & il ne m'appartient pas de juger la question, dont la décision est du ressort du corps politique. Quoiqu'il en soit, l'Auteur ne pourroit, sans injustice, mettre sur le compte de l'Eglise, ce qui ne dépend que de l'exercice de l'autorité temporelle, & souveraine. Vous entrerez aifément, Monfieur, dans cette précifion.

L'Auteur de la note eft encore très-injufte de rappeller, en parlant de l'Inquifition de Rome, le droit cruel de punir par l'affreux fupplice du feu les erreurs des hommes. Je fuis trop bon François pour approuver la maniére de procéder de l'Inquifition, mais je penfe qu'il n'eft pas permis de rendre ce Tribunal plus odieux qu'il ne l'eft, ni même de le décrier dans des pays où peut-être il eft néceffaire, & où il eft établi par l'autorité fouveraine. On fçait que depuis très-long-tems les rigueurs en font très-adoucies fur tout à Rome. Et l'on peut en juger par cette Anecdote.

Le Grand Duc ne put fauver M. de T***, fon Bibliotécaire, qu'il aimoit tendrement & qu'il eftimoit encore plus, qu'en obtenant du Pape, lequel piqué au vif contre ce fçavant, l'avoit fait jetter dans les prifons de l'Inquifition de Florence, qu'on transferât le prifonnier à Rome pour y être jugé fous les yeux de fon ennemi. Comme les accufés ont droit de choifir un Avocat confiftorial pour les confeiller & les deffendre, M. de T*** choifit un Prélat à qui le Chapeau étoit promis, & qui le perdit alors pour avoir deffendu avec trop de générofité & de fermeté fon infortuné client. Cependant il obtint fon élargiffement. Cette action fi noble ne refta pas fans récompenfe. Le Prélat fut Cardinal fous un autre Pontificat, & eft devenu non-feulement Pape, mais un grand Pape: il aimoit à conter ce beau trait de fa vie, & y rapportoit fon exaltation.

J'ignore à qui en veut M. H*** quand il fe plaint avec tant de feu, & en tant d'occafions des perfécutions qu'on fait fouffrir aux Philofophes. Quelles perfécutions ont-ils éprouvés de la part du Clergé? Mais on les menace de cenfures, on permet qu'ils foient accablés de critiques & quelquefois de fatyres. Voilà un grand malheur pour un Philofophe d'être contredit dans ses opinions. Est-ce que le ridicule ne glisse pas sur des hommes de cette trempe ? Peuvent-ils être blessés par ces sortes de traits ? Mais si c'est persécuter les hommes que de les tourner en ridicules, eux-mêmes, les Philosophes à la mode sont donc les pesécuteurs de tous les Philosophes, de tous les grands hommes du siécle dernier, qu'ils décrient avec la derniére indécence ; ils sont donc les persécuteurs de la Religion qu'ils n'attaquent que par des railleries insultantes & qu'ils n'osent attaquer ouvertement par la force du raisonnement ? S'en tiennent-ils là ? Non : il sçavent menacer. Ces persécutés si gémissans n'ont-ils pas eux-mêmes recouru à la force & à la terreur, pour imposer silence à ceux qui ne goûtent pas leur doctrine, & qui la trouvent très-pernicieuse. Ai-je besoin de le prouver ? Et ne pourrois-je pas moi-même me donner en preuve.

L'Auteur tombe ensuite sur la méprise de sentiment des Vizirs qui prennent leur intérêt pour celui de la Nation. Je ne sçai où va cette sortie ni comment elle est liée à l'objet du Livre; non plus que les déclamations sur la liberté qu'on prend de rire du ridicule que se donnent quelques gens d'esprit, ou plutôt qui leur échappe. Il semble, à entendre l'Auteur, que ces personnes affectent des ridicules avec l'art d'une profonde politique, & qu'elles ont un intérêt pressant à s'en couvrir comme d'un bouclier. Je ne vous cite, M. ce morceau que pour vous éguayer.

pag. 566. „ Pour soutenir le personage de singu-
„ lier, de quelle activité faut-il être doué?
„ Quelle connoissance du monde faut-il
„ avoir, & pour choisir précisement un
„ ridicule qui ne nous rende, ni méprisa-
„ ble, ni odieux aux autres hommes, &
„ pour adapter ce ridicule à notre carac-
„ tère, & le proportionner à notre mé-
„ rite? Car enfin ce n'est qu'avec une telle
„ dose de génie qu'il est permis d'avoir
„ un tel ridicule. A-t'on cette dose? Il en
„ faut convenir; alors loin de nous nuire,

» un ridicule nous sert. Lorsque Enée des-
» cend aux Enfers, pour adoucir le mon-
» ftre qui veille à leurs portes, ce Héros
» se pourvoit, par le conseil de la Sybil-
» le, d'un gâteau qu'il jette dans la gueu-
» le du Cerbère. Qui sçait si pour appaiser
» la haine de ses contemporains, le mé-
» rite ne doit pas aussi jetter dans la gueu-
» le de l'Envie le gâteau d'un ridicule ?
» La prudence l'exige & même l'humani-
» té l'ordonne, s'il naissoit un homme
» parfait, il devroit toujours, par quel-
» ques grandes sottises, adoucir la haine
» de ses concitoyens. Il est vrai qu'à cet
» égard on peut s'en fier à la nature, &
» qu'elle a pourvu chaque homme de la
» dose de défaut pour le rendre suppor-
» table. « Accordez, si vous le pouvez,
Monsieur, cette singulière tirade avec ce
ce qui la précede immédiatement. » En
» général les hommes supérieurs sont peu
» sujets (à l'affectation) ; un caractère
» paresseux & méditatif, peut avoir de la
» singularité, mais jamais il ne la jouera.

„ L'affectation de la singularité, est donc „ très rare, « pas extrêmement, je pense. Au reste on peut dire que M. H*** a jetté un beau gâteau dans la gueule de l'Envie. Elle seroit injuste, si elle ne trouvoit pas qu'il a fourni son contingent en homme généreux.

Je passe encore tout ce que l'Auteur dit de bon & de mauvais sur les conseils. Mais en vérité j'ai bien de la peine à lui pardonner sa doctrine sur le bon sens pour lequel il marque un souverain mépris.

„ La différence de l'Esprit d'avec le bon sens « dit-il » est dans la cause dif- „ férente qui les produit. L'un est l'effet „ des passions fortes ; & l'autre de l'absen- „ ce de ces mêmes passions. « Quoi ! Il n'a jamais rencontré de sots qui avoient beaucoup de passions, ni des gens d'esprit qui n'avoient que des passions foibles ou modérées, ni personne qui réduit au bon sens fût agité par quelque passion vive. Dans quel monde vit il donc?

„ Dans le courant de la vie « pour- „ suit

» fuit-il » & dans les choses où pour bien
» voir, il suffit de voir d'un œil indifférent,
» l'homme de bon sens, ne se trompe point.
» Cela veut dire « qu'un marchand qui
règle son commerce avec beaucoup de
bon sens, en regarde d'un œil indifférent
les objets, & que c'est cette indifférence
qui lui fait conduire sagement ses affaires.
» S'agit-il de ces questions un peu com-
» pliquées, où, pour appercevoir & dé-
» mêler le vrai, il faut quelqu'effort &
» quelque fatigue d'attention, l'homme de
» bon sens est aveugle. « J'objecte à notre
Auteur qu'il ne faut que du bon sens pour
gouverner une société dans un commerce
très-étendu, or peut-on dire qu'elle puisse être bien traitée & bien concertée sans
quelqu'effort, sans quelque fatigue d'attention ? L'homme de bons sens sera sans
doute embarassé, quand on lui propose-
ra des questions épineuses de pure spécu-
lation. Mais dans toutes les choses qui
concernent la conduite de la vie, il prendra toujours la parti sage, & ne s'appli-

I. Partie.   T

quera jamais à ce qui est au-dessus de sa sphère. " Le bon sens ne suppose donc " aucune invention, & par conséquent " aucun esprit ; & c'est, si je l'ose dire, " où l'esprit finit que le bon sens com- " mence. " J'aurois mieux aimé qu'il nous eût dit, que dans certaines personnes la Philosophie commence où le bons sens finit.

Le simple bon sens, est l'esprit qui suffit pour la conduite de la vie. L'homme de bon sens a même tout ce qui lui est nécessaire pour faire quelques progrès dans les Mathématiques. Dans un homme cultivé il peut atteindre à la justesse d'esprit. Dans un homme sans étude, il suffit pour faire un Machiniste. Il n'est donc pas incompatible avec l'invention. Il est vrai qu'il ne fera point de belles phrases, qu'il n'a ni l'art d'embellir les idées communes, ni le talent d'en donner de nobles, & de nouvelles ; il ne sçaura ni rendre le sentiment, ni peindre agréablement ; il n'aura pas l'imagination brillante, & voilà ce qui le distingue de l'Esprit. Mais sans lui l'Esprit le plus pétillant, le plus fécond, n'est que du clinquant. C'est la justesse de l'Esprit qui régle le génie ; c'est le bon sens qui lui apprend, s'il est à propos de publier des idées grandes & neuves : l'Esprit ni le génie ne le suppléeront jamais.

» Il ne faut cependant point en conclure » que le bons sens soit si commun. Les » hommes sans passions sont rares. « C'est insinuer que le bon sens est le fruit de l'apathie. » l'Esprit juste, qui, de toutes les » sortes d'Esprit, est sans contredit l'espèce » la plus voisine du bon sens, n'est pas lui- » même exempt de passions. D'aillieurs » les sots n'en sont pas moins susceptibles » que l'homme d'esprit. « Avouez-vous, Monsieur, la Doctrine de l'Auteur ? Les grandes passions peuvent élever tout homme qui a pu apprendre à parler & à lire aux plus hautes idées. Les sots ont de grandes passions. Mais le bon sens en est privé. L'homme sensé est donc le seul qui ne peut être élevé aux plus hautes idées : donc le

T ij

bon sens est incompatible avec l'esprit & le génie, comme avec la sottise & les passions. Dans le vrai, l'homme sensé à des passions; mais il les maîtrise plus souvent qu'un autre. » Si tous prétendent au » bon sens, & même s'en donnent le titre, » on ne les en croit pas sur leur parole. » C'est M. Diafoirus qui dit : 'Je jugeai » par la pésanteur d'imagination de mon » fils, qu'il auroit un bon jugement à » venir. On manque toujours de bon » sens, lorsqu'à cet égard, l'on n'a que » son défaut d'esprit pour appuyer cette » prétention. « Cette derniére maxime est vraie, mais j'ignore comment elle est liée avec le reste de l'étrange discours que je viens de transcrire.

» Quelque rare que soit le bon sens, » les avantages qu'il procure ne sont que » personels, ils ne s'étendent point sur l'hu- » manité : l'homme de bon sens ne peut » donc prétendre à la reconnoissance pu- » blique, ni par conséquent à la gloire. « Tâchez encore, M. de lier cette décision tranchante avec ce qu'il avoit dit plus haut. " Le corps politique est-il sain ? Les » gens de bon sens peuvent être appellés » aux grandes places, & les remplir di- » gnement. " D'ailleurs il oublie que pres- que tout le commerce si essentiel à la for- ce, & au bonheur de toute Nation, rou- le presque entièrement sur le bon sens. Celui qui prépara chez-vous les harancs, fut-il, je le répéte, un homme de beau- coup d'esprit, & n'a-t'il pas droit à la reconnoissance publique.

» Mais la prudence, dira-t'on, qui mar- » che à la suite du bon sens, est une ver- » tu que toutes les Nations ont intérêt d'ho- » norer. Cette prudence, répondrai-je, si » vantée & quelquefois si utile aux par- » ticuliers n'est pas, pour tout un peuple » une vertu si désirable qu'on l'imagine. » De tous les dons que le ciel peut verser » sur une Nation, le don, de tous le plus » funeste seroit sans contredit la prudence, » si le ciel la rendoit commune à tous les » citoyens. " Vous êtes, Monsieur, frappé d'étonnement ; vous vous laissez aller à l'indignation. Calmez vous, je vous prie. Il ne s'agit point ici de cette vertu qui vous est chere, qui distingue le sage, qui sçait quand le devoir oblige à prendre un parti, qui mesure tellement ses démarches qu'elle fait parvenir avec le moins de risque qu'il est possible, à la fin que la loi, ou notre inclination nous propose ; qui distingue quand il faut agir ou ne pas agir, qui, lorsqu'il est à propos de donner au hazard, lui donne le moins qu'il est possible. La prudence dont il s'agit est de l'invention de M. H***, & vous en conviendrez, quand vous aurez vu la description qu'il nous fait de son homme prudent.

„ Qu'est-ce en effet que l'homme pru-
„ dent ? Celui qui conserve, des maux
„ éloignés, une image assez vive, pour
„ qu'elle balance en lui la présence d'un
„ plaisir qui lui seroit funeste. « Ne vous irritez pas, M. l'Auteur se suit ici plus que vous ne pensez. Quand on croit qu'il n'y a de vertus que celles qui dépendent des

conventions des hommes, il faut bien changer les notions anciennes. Il met son homme prudent dans la situation critique de l'âne de Buridan. Comme nous ne pouvons pas faire un pas dans cette vie sans courir quelque risque, le pauvre homme restera dans sa chambre, il ne montera pas dans un carosse qui peut verser, ou dont les chevaux peuvent prendre le mord aux dents; il ne sortira pas à pied, parce qu'il peut être écrasé par les équipages, & par les thuiles & par mille embarras; il ne prendra aucun état, parce que tous ont leurs inconvéniens; il n'embrassera ni celui du mariage, ni celui du célibat, car dans les deux il y a à souffrir. Tel est l'homme prudent que M. H*** nous dépeint. Car il nous dit: ,, Or supposons que la pru-
,, dence descende sur toutes les têtes qui
,, composent une Nation : où trouver alors
,, des hommes qui pour cinq sols par jour
,, affrontent, dans les combats, la mort,
,, les fatigues, ou les maladies ,, ? Parmi tous ceux qui ne font cas de la vie

qu'autant qu'elle est honorable ; qui aiment la gloire, leur patrie, leur Roi préférablement à tout, & qui sçavent qu'en tout état on peut mourir, être malade, & souffrir. Pour combien de jeunes gens le parti du Service est-il le plus sage ? » Quelle femme se présenteroit à l'autel » de l'Himen, s'exposeroit au mal-aise d'u- » ne grossesse, aux dangers d'un accouche- » ment, à l'humeur, aux contradictions » d'un mari, aux chagrins enfin qu'occa- » sionnent la mort ou la mauvaise condui- » te des enfans. " Toutes celles qui sçauront la destination de leur sexe, qui balenceront les inconvéniens du célibat, avec les risques du mariage ; qui observeront qu'il meurt presqu'autant de filles qu'il meurt de femmes en couche, qui penseront que l'union de deux époux peut-être très-douce & très-agréable, si l'époux est bien choisi, qu'on s'épargne des combats, & qu'on met son honneur en sûreté en prenant le parti du mariage. » Quel » homme ne choisiroit pas... l'état le plus

» parfait, celui dans lequel son salut se-
» roit le moins exposé, ne préféreroit pas
» la palme de la Virginité aux myrthes
» de l'Amour, & n'iroit pas enfin s'en-
» sevelir dans un Monastére ? « Tout homme qui sçait qu'il traîne par tout avec lui le plus grand de ses ennemis, & son tentateur le plus formidable, c'est-à-dire soi même ; qui sçait qu'il vaut mieux se marier que brûler, que très-peu de personnes sont appellées à quitter la voye commune, que le cloître oblige à une vie angélique qu'on ne peut se promettre de ses propres forces, ni de la vigilance & de la fermeté de ses résolutions, & qu'à tous égards il est plus facile d'être bon Pere de famille que d'être saint Religieux, ou saint Prêtre. Or le très-grand nombre des hommes est dans le cas de faire ces réflexions. Si personne ne s'engageoit dans le célibat que ceux que la voix de Dieu y appelle pour le saint Ministère des Autels, si l'on ne voyoit pas, à Paris surtout, tant de garçons que le goût seul de

la débauche dévoue au célibat, & qui craignent d'être chargés des fruits de leur intempérance, si par l'avarice & la crainte d'avoir des enfans, tant de gens mariés, ne multiplioient par les batards aux dépens de leur postérité légitime, & ne dépensoient pas déhors, tandis que leur femme & leur famille gémissent dans la misére au milieu d'appartements brillants, si à l'union sainte, & conforme à l'institution primitive, de l'homme & de la femme, on ne substituoit pas ces conventions illégitimes, qui unissent un homme & une femme pour tout le tems qu'ils se conviendront; qui à la longue ont tous les désagrémens du mariage sans en avoir l'honneur & l'avantage; qui désolent les contractants sous le poids onéreux de l'habitude, lorsqu'elles continuent; & font soupçonner l'un ou l'autre de peu de délicatesse par rapport à la probité, lorsqu'elles sont dissoutes, l'Etat ne s'appercevroit pas de ce qui est dérobé sur son fond par la Religion. Et ce sont là les vrayes playes de l'Etat que la doctrine de l'Auteur rouvre & envenime en plus d'un endroit de son Ouvrage.

Où l'Auteur a-t'il pris la petite historiette qu'il donne en note ? » Lorsqu'il s'a- » gissoit à la Chine de sçavoir si l'on per- » mettroit aux Missionnaires de prêcher » librement la Religion chrétienne, on » dit que les Lettrés, assemblés à ce sujet, » n'y virent point de danger. Ils ne pré- » voyoient pas, disoient-ils, qu'une Re- » ligion où le Célibat étoit l'état le plus » parfait put s'étendre beaucoup. « On les fait raisonner bien mal. Premiérement parce que leur raisonnement suppose qu'on ne peut-être Chrétien sans prétendre au genre de perfection attaché au Célibat religieux. Secondement, parce qu'ils sçavoient que les Religions des Indes, ont fait chez eux de grands progrès qui leur sont fort nuisibles, quoique dans ces sectes bizarres la sainteté soit uniquement attachée à la séparation entiére des femmes.

Voyez, Monsieur, comme l'Auteur sçait enter de grands mots sur les fausses

idées qu'il s'eſt faite de la prudence. ″ C'eſt
″ donc à l'inconſéquence que la poſtérité
″ devra ſon exiſtence. C'eſt la préſence
″ du plaiſir, ſa vue toute puiſſante, qui
″ brave les malheurs éloignés, anéantit la
″ prévoyance ; c'eſt donc à l'imprudence
″ & à la folie que le Ciel attache la con-
″ ſervation des Empires, & la durée du
″ monde. Il paroît donc qu'au moins dans
″ la conſtitution actuelle de la plûpart des
″ Gouvernemens, la prudence n'eſt déſira-
″ ble que dans un très-petit nombre de ci-
″ toyens, que *la raiſon ſynonime du mot*
″ *de bon ſens*, & vantée par tant de gens,
″ ne mérite que peu d'eſtime ; que la ſa-
″ geſſe qu'on lui ſuppoſe tient à ſon inac-
″ tion, & que ſon infaillibilité apparen-
″ te n'eſt qu'une apathie. ″ Toute cette
déclamation auſſi vive que vague ſeroit très-judicieuſe, ſi la prudence, comme l'Auteur le veut, conſiſtoit à n'agir
jamais, lorſqu'on prévoit quelque riſ-
que.

 Je me laſſe de le ſuivre & vous, Monfieur, peut-être vous fatiguai-je par tant de difcuffions. Il y auroit encore bien des chofes à dire fi je voulois pefer ce que l'Auteur débite fur l'Efprit de conduite qu'il confond avec les manéges de Cour, j'en ai affez dit pour vous juftifier la maniére dont j'ai caractérifé le ftile & le ton de Philofophie de l'Auteur dans la premiére des Lettres que j'ai eu l'honneur de vous écrire. Vous en concluerez qu'après avoir lu le Livre de l'Efprit, on fçait moins qu'auparavant ce que c'eft que l'Efprit, & qu'on eft plus embaraffé que jamais à déterminer les caractères qui différencient les diverfes efpèces d'Efprit. Le Comte veut prendre le foin de badiner les erreurs de morale. En vérité fi elles fon graves, elles font trop futiles pour être relevées férieufement. En badinant néanmoins, nos Acteurs, dans la fcène que je vous ai annoncée dans une de mes Lettres, ne laifferont pas de pouffer des argumens affez vigoureux, & affez forts pour déconcerter l'Auteur de l'Efprit. J'ai l'honneur d'être, &c.

Fin de la premiére Partie.

www.ingramcontent.com/pod-product-compliance
Lightning Source LLC
Chambersburg PA
CBHW060614170426
43201CB00009B/1017